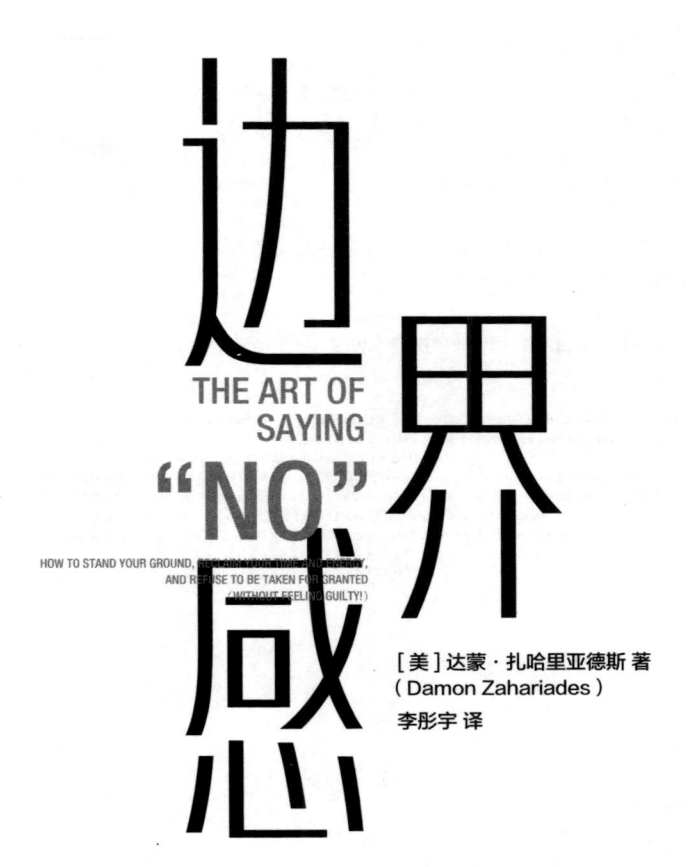

边界感

THE ART OF SAYING "NO"

HOW TO STAND YOUR GROUND, RECLAIM YOUR TIME AND ENERGY, AND REFUSE TO BE TAKEN FOR GRANTED (WITHOUT FEELING GUILTY!)

[美] 达蒙·扎哈里亚德斯 著
（Damon Zahariades）

李彤宇 译

中信出版集团 | 北京

图书在版编目（CIP）数据

边界感 /（美）达蒙·扎哈里亚德斯著；李彤宇译. -- 北京：中信出版社，2024.7（2025.3重印）
书名原文：The Art of Saying "NO"
ISBN 978-7-5217-6382-9

Ⅰ. ①边… Ⅱ. ①达… ②李… Ⅲ. ①人际关系学-通俗读物 Ⅳ. ① C912.11-49

中国国家版本馆 CIP 数据核字（2024）第 096654 号

Translated and published by CITIC Press Corporation, with permission from the Art of Productivity and DZ Publications. This translated work is based on The Art of Saying No by Damon Zahariades.
© 2017 by Damon Zahariades. All Rights Reserved.
The Art of Productivity and DZ Publications is not affiliated with CITIC Press Corporation or responsible for the quality of this translated work. Translation arrangement managed by RussoRights, LLC and the Big Apple Agency Inc. on behalf of from Art Priductivity and DZ Publications.
Simplified Chinese translation copyright © 2024 by CITIC Press Corporation
ALL RIGHTS RESERVED
本书仅限中国大陆地区发行销售

边界感
著者：　　［美］达蒙·扎哈里亚德斯
译者：　　李彤宇
出版发行：中信出版集团股份有限公司
　　　　　（北京市朝阳区东三环北路 27 号嘉铭中心　邮编　100020）
承印者：　北京通州皇家印刷厂

开本：880mm×1230mm 1/32　　印张：5　　　　字数：82 千字
版次：2024 年 7 月第 1 版　　　　印次：2025 年 3 月第 3 次印刷
京权图字：01-2024-3521　　　　　书号：ISBN 978-7-5217-6382-9
定价：59.00 元

版权所有·侵权必究
如有印刷、装订问题，本公司负责调换。
服务热线：400-600-8099
投稿邮箱：author@citicpub.com

目 录

关于说"不"的著名语录　　　　　　　　　　vi

第一部分
讨好型人格的习惯

我作为"讨好者"的生活经历	004
优先考虑自身需求的重要性	007
果断心理学	010
果断还是强硬	012
优雅地说"不"	015
你将从本书中学到什么	018
如何从本书中获得最大价值	022

第二部分
为什么
我们很难说"不"

不想冒犯他人	028
不想让别人失望	030
不想显得自私	032
渴望帮助他人	035
自我价值感过低	037
希望得到喜爱	039
希望被人高看一眼	041
"错失恐惧症"	043
求助者的情感欺凌	045
冲突焦虑	048
取悦的习惯	051
突击测验：你是一个"讨好者"吗	054

第三部分
建立边界感的 10 个策略

策略 1：直截了当　　　　　　　　062

策略 2：不要拖延时间　　　　　　065

策略 3：用其他措辞代替"不"　　　068

策略 4：抵制编造借口的诱惑　　　071

策略 5：掌控自己的决策　　　　　074

策略 6：请求助者稍后再来　　　　077

策略 7：不要谎称自己没空儿　　　079

策略 8：提供替代方案　　　　　　082

策略 9：推荐更合适的人选　　　　085

策略 10：解释你的日程安排　　　088

奖励策略 1：保持坚定　　　　　　091

奖励策略 2：保持礼貌　　　　　　094

奖励策略 3：直面"错失恐惧症"　097

奖励策略 4：按类别说"不"　　　100

你不需要对别人的反应负责 103

你的时间和兴趣是宝贵的 105

说"不"并不意味着你是个坏人 107

从微小的"不"开始 110

第四部分
如何与不同的人建立边界感

对亲戚：重新设定期望值 115

对伴侣：边界感是更健康的爱 118

对孩子：不要轻易让步 121

对朋友：保持真诚和坦率 124

对邻居：事先划定边界 127

对同事：按类别拒绝 130

对老板：充分沟通并提供替代方案 133

对客户：提供正当的理由 137

对陌生人：想清楚自己的义务和立场   140

对自己：大声说"我不"以抵抗诱惑   143

关于"边界感"的最后思考   147
你喜欢这本书吗   149

关于说"不"的著名语录

如果你不为自己的人生决定优先顺序,别人就会替你决定。

——格雷格·麦基翁

发自内心说出的"不",胜过只为取悦他人或避免麻烦而说出的"好"。

——圣雄甘地

成功人士与超级成功人士的差别在于:超级成功人士懂得对绝大多数事情说"不"。

——沃伦·巴菲特

第一部分
讨好型人格的习惯

设想你有一个典型的讨好型人格的朋友，这个人可能是你认识的最好的人之一。他总是乐于伸出援手，只要有需要，你可以随时指望他来帮助你。这个人会很乐意放弃他的个人追求，以便迎合你的需求。

这种行为听起来是否让你有种不安的熟悉感？你身上也存在某些类似的特征吗？例如，当有人请求你帮助时，你总是会立即放下手头的工作说"没问题"吗？

更大的问题是：你是否会因为总是把别人的事情置于自己的事情之前而感到不开心、紧张和疲惫？

如果是这样，本书就是为你而写的。

对别人说"不"是你能够培养的最重要的技能之一，无论是在个人生活还是职场工作中，它都能让你自由地追求自己的兴趣。在这个过程中，它会提高你的工作效率，改善你的人际关系，让你体验到久违的自信和平静。

说"不"的能力是一种自我解放的力量，但是要想发展这项能力往往很困难。对大多数人来说，这会违背他们多年的习惯。而对某些人来说，说"不"甚至意味着与他们的父母、老师、老板、同事和朋友灌输给他们的观念背道而驰。

但是这些努力是值得的。一旦有能力自信而优雅地说"不"，并且形成习惯，你就会发现别人对你的看法在慢慢改变。他们会更加尊重你，会更加重视你的时间，会把你视为领导者而不是追随者。

而这仅仅是你的收获的冰山一角。

有兴趣了解更多吗？你准备好扔掉总是说"是"来取悦他人的习惯了吗？如果是这样，那就听我来"自揭老底"，讲一下我作为一个"讨好者"的经历。

我作为"讨好者"的生活经历

  我正在努力抹去自己的讨好型人格。如果你在我高中或大学的时候认识我,你甚至不需要主动求助,我就会带着帮助到来。我会一直陪在你身边,只要你开口,我就会放下自己的事情来帮助你。

  不顾个人情况,一味说"是",造成这一倾向的因素有很多,我们将在第二部分展开讨论。现在,可以先简单地认为我是一个典型的"讨好者"。

  我对这些情况感到十分痛苦。

  每次答应别人的请求时,我都觉得自己在做正确的事情。我在让另一个人开心,这怎么可能是一个错误的决定呢?

  但是总有一个微弱的声音在我的脑海里响起,它对我说,对其他人一味说"是"实际上是在对自己说"不"。我把自己的时间奉献给了他人，而剩余的时间不足以让我追求自己想要的东西，我所付出的金钱也无法满足自己的需求和利益。

显而易见，我允许别人利用我的时间、金钱甚至劳动来满足他们的利益，而我的利益被搁置在一旁。

例如，我在上大学时拥有一辆皮卡，这让我成了帮助朋友搬家的最佳人选。结果如你所料，我经常被要求帮忙搬家。

作为一个典型的"讨好者"，我总是很轻易就答应了。但这总是与我脑海中那个微弱的声音相悖，那个声音斥责我冷落了自己的利益和优先事项。更糟糕的是，那个声音一直存在。渐渐地，我变得怨恨自己，也怨恨那些经常请求我帮忙的人。

这逐渐形成了一个恶性循环。

每次被要求给别人帮忙时，我都会不由自主地答应。我形成了根深蒂固的迎合他人的习惯。但是每当我答应别人的请求时，我的内心都会产生一种不满情绪，这种情绪逐渐发展成痛苦和绝望。但是，即便知道这样做会让我越来越不开心，我也会一次又一次地牺牲自己的利益去帮助别人。

我能怪谁呢？我只能怪自己。

终于在某个时间点，我再也忍受不了这种折磨了，我开始拒绝所有帮忙搬家的请求。事实上，我拒绝了几乎所有人的求助。

现在回想起来，我很后悔当时采取了那种极端的方式。那是一种下意识的反应，是由我日益增长的怨恨和自我厌恶引起的，而且这种反应太过激了。我花了很多年进行尝试和练习，才学会了更优雅、更体贴地说"不"。

在本书中，我将帮助你从总是取悦他人转变为优先考虑自己的需求和愿望。更重要的是，我将向你展示如何优雅地做到这一点，而不必采取我很久以前使用的、令人遗憾的强硬手段。

优先考虑自身需求的重要性

我学到的最有价值的一课是：没有人会像我自己一样爱惜我的时间、优先考虑我的需求。这是很容易理解的。大多数人的行为都是利己的，他们自然而然会把自己的事情放在第一位。但这通常意味着，我们每个人都有责任确保自己的需求得到满足。

因为没有人会替我们做这件事。

另外，我们在关注他人需求之前要先关注自己的需求，这是很重要的。这种说法可能会让你感到不舒服，特别是如果你总是怀着爱心和付出精神帮助别人。但是，如果你自身的需求得不到满足，而你还在不断地迎合他人，那么最终你只会感到痛苦并心生怨恨。如果你总是让自己筋疲力尽，那么你必然会出现一系列健康问题。（以我的经验看，这些问题是会真实发生的。）

当我建议你优先考虑自己而不是他人的需求时，我并不是建议你忽视别人。你仍然可以支持你的朋友、家人、同事甚至陌生人，在他们需要帮助的时候伸出援手。重点是，你要避免在这个过程中忽视你自己的需求。毕竟，从长远来看，如果不先照顾好自己，你又怎么能为别人提供足够的帮助呢？

例如，你习惯于经常帮助别人，在这个过程中，你开始饮食不规律，牺牲了自己的睡眠时间，放弃了自己喜欢的活动，那么你会逐渐变得易怒、不开心、疲惫不堪，以至最终不能甚至不愿意再帮助别人。

这就是为什么我建议你要先关注自身的需求。当有时间、精力和兴趣时，你才能更自如地关心他人的需求。你将能够基于具体情况提供帮助，无须牺牲自己的健康和幸福。

想一想，在乘坐飞机时，空乘人员是怎样向乘客进行航空安全培训的？如果出现机舱减压的情况，那么你应该先给自己戴上氧气面罩，然后帮其他人戴上面罩。欲助人者，须先自助。这些规定并不是想让人们变得自私，而是航空公司知道，如果选择先帮助别人，那么你很可能会因此缺氧，这样的话你就谁也帮不了。

当你优先满足自己的需求时,可能会有一些人一直试图劝说你改变,来满足他们的需求,他们甚至不愿意接受你否定的回答。

在这种情况下,你要果断做事。

果断心理学

很多人认为，果断是一种与生俱来的品质，但事实并非如此。果断其实是可以后天习得的。在本书的论述中，果断更应被归为一门学问。

果断，意味着即使被反对，也要自信地表达自己的需求和愿望，追求自己的目标。果断，意味着你要清楚地告诉人们你对某一事件的立场，不给人混淆的机会。

果断，是直接表明自己的观点，即使可能得不到别人的认可和支持。

例如，你正在和一个朋友讨论政治话题，果断意味着即使与这位朋友的政治立场是对立的，你也能勇敢地表达自己的观点。

假设你正在电影院观看热映的大片，而你旁边的人正在大声打电话，果断就意味着你直接要求他降低音量或者挂断电话。

假设一个朋友让你周五送他去机场，而你有其他的日程安排，果断就意味着即使有可能让你的朋友感觉不舒服，你也要直接告诉他"不行"。

从定义来看，果断不过是一种坦诚的交流方式。这其实是个好消息，因为这意味着果断不是你与生俱来的能力，你可以通过后天的训练和实践拥有和发展这一品质。

在本书中，我们将充分讨论果断这一品质，因为它非常适用于拒绝别人对你的要求，而这恰恰是本书的目的。在这个过程中，你会发现，你可以把说"不"这个简单的、至关重要的技能作为一个跳板，你可以在生活的所有方面都变得更加果断。

随着你变得更加果断，你的心态也会发生改变。你会变得更愿意与他人分享你的想法，会更乐意直接表达你的需求，在表达观点时不再那么犹豫不决，并且更愿意为那些不能或不愿意为自己发言的人说话。

当然，你会变得越来越棒，越来越善于说出那个简单而美丽的词语，那个可以真正改变你的生活的词语——"不"。

果断还是强硬

有一点需要注意,就是我们要区分果断和强硬。这两者经常被误认为是相似的,但是它们其实代表着两种完全不同的行为方式。

果断是一种尊重他人的健康的行为方式。正如我们在前面提到的,果断不过是自信地表达你的立场。

而强硬是一种好战的行为方式。一个强硬的人会用粗鲁、轻蔑甚至威胁的方式与别人交流。

以下是几例在不同情况下果断和强硬带来的不同行为。

场景1:表达反对意见

果断:倾听对方的意见,在对方说完后提出反对意见。

强硬:打断别人的话以反驳对方提出的观点。

场景2：在小组中分享想法

果断： 积极主动参与小组成员的对话，允许他人分享各自的观点，并以互相尊重的方式表达对这些观点的想法。

强硬： 试图主导小组对话，对别人评头论足，不考虑别人的感受就否定其观点。

场景3：在电影院要求别人安静

果断： 要求冒犯者降低声音，这样大家就可以好好欣赏电影了。

强硬： 命令冒犯者降低声音，如果不合作就威胁他，甚至使用暴力。

场景4：在星巴克因对饮品不满意而要求店员重做

果断： 向咖啡师解释问题出在哪里（例如，冰摩卡里的巧克力糖浆太多了），并且和对方保持目光接触，要求他重新调制。

强硬： 怒斥咖啡师的错误，一边瞪着他一边要求他重新制作。

场景 5：对寻求帮助的人说"不"

果断： 直接拒绝请求，并向求助者推荐一位可能会为他提供帮助的人。

强硬： 大声喊"不行！"，对求助者不屑一顾，并因他的请求而贬低他。

场景总结

强硬常常出于冲动。一个强硬的人往往会以敌对的、不体谅他人的方式对事情进行回应，并经常在事后后悔。

相比之下，果断是有计划的、深思熟虑的、体贴的。一个果断的人能够清楚地表达自己的立场，同时充分考虑他人的感受。

强硬的人嗓门大、固执己见、只顾自己，果断的人则知道如何优雅地表达自己的观点。

优雅地说"不"

本书的目的不仅仅是教你学会如何拒绝占用自己时间的请求（这一点很容易做到，而且任何人都能做到），还要教你学会如何没有任何负罪感地说"不"。

这意味着你需要一种优雅的方式。

首先，请告诉我，下面这个场景你听起来是不是很熟悉。

你累坏了，面前有堆积如山的工作，但你没有足够的时间完成所有的事情。更糟糕的是，你的电话一直在响，不停地妨碍你开展工作。同时，不断有人来到你的办公室向你寻求各种帮助，这使得问题变得更加复杂。

简言之，这一切让你感到沮丧和不知所措。

这时，一位同事来找你。他并不知道你此时的压力和心理状态，只是想找你帮个忙。

但是迎接他的会是一个巨大的"惊喜"。

你一整天都在对别人说"好,是的",你已经非常厌倦了。更糟糕的是,你在不断地迎合同事的需求,而对自身的需求置之不理,这已经让你感到十分恼火了。

你的同事来到你的办公室,问:"你能帮我一个忙吗?"

你怒视着他,眉头紧锁,牙齿紧咬,咆哮道:"我现在没时间理你!你没看见我正忙着吗?"你的同事瞪大眼睛说不出话来,慢慢地退出你的办公室。在转身离开前,他勉强嘟囔了一句:"天哪,对不起。"

你看着他离开,没有感到成功拒绝别人的喜悦,而是立刻感到很内疚。

在这种情况下,你确实成功地拒绝了同事的请求。但是这种方式可能会为你招来伤害、怨恨和其他负面情绪,这些情绪会在以后给你造成极大的困扰。

说来惭愧,这个场景来自我自己的生活。当我还是一个"讨好者"时,有很多次我变得不知所措,彻底失去冷静。我会大发雷霆,把我的沮丧发泄在那些在我不开心时找我帮忙的"不幸"的人身上。

对此我一直感到十分后悔。

本书将告诉你解决类似问题的更好的方法。当读完这本书时，你将拥有所有你所需的技能，这些技能让你能够优雅而得体地（更重要的是没有负罪感地）说出"不"。

你将从本书中学到什么

本书分为四个部分。在我看来,每一部分都十分重要。围绕着如何学会自信沉着地设定人际边界并且说"不"这个问题,每一部分都阐述了一个关键的方面。

此外,每一部分都建立在前一部分的基础上,同时,每一部分都为下一部分的理论提供了观点和论据。

当读完本书时,你会了解两件很重要的事情:首先,你会理解为什么拒绝别人的请求是如此困难的一件事;其次,你会掌握如何以一种受人尊重的,同时不会感觉到内疚的方式去拒绝别人。

以下是本书的章节梗概。

第一部分

我们即将结束第一部分的内容，这一部分为接下来的想法和方法论打下了基础。

我介绍了自己过去作为一个"讨好者"的经历，这样做原因有二。首先，我想描述出在让别人的需求凌驾于我自身的需求之上时我所经历的挫败感，我敢说所有人都能理解这种挫败感。其次，我想告诉读者，不管今天觉得说"不"有多难，你都可以学会自信地说"不"。如果我能做到，你肯定也能做到。

第一部分还介绍了"果断"的概念，并将其与"强硬"区分开来。这样做是为了强调用优雅和尊重的方式说"不"的重要性。

第二部分

如果想弥补自己的某些不足，我们首先要明白为什么自己会有这样的行为。基于同样的道理，第二部分首先探讨了当知道应该说"不"的时候我们却说了"好"的原因。

你会发现，对有些原因你很熟悉，因为这些原因与你个人的内在动机息息相关。对于其他原因，一开始你可能会感到陌生，但通过进一步观察，你会发现，在你不断挣扎着对别人说"不"的过程中，这些陌生的原因其实也扮演着微妙的角色。

本书第二部分的目标是，揭示我们自身的内在动机、潜意识等因素，为我们做出积极的改变铺平道路。

第三部分

在第三部分，我们将认真探讨无须内疚地拒绝别人的请求的具体策略，你会发现，这些策略大都很直观。请记住，最简单的方法往往是最有效的，这也是我们最容易忽视的一点。

第三部分阐述的策略将帮助你以一种能够激发信任和尊重的方式说"不"，同时减少潜在的敌意反应。在我看来，它们是拒绝求助者的最佳方法，同时能让你收获他们长期的赞赏和尊重。

第四部分

学习新策略的一个困难是,了解如何在自己独特的经历中应用它们。你会发现,学习如何说"不"就是这样一个过程。

第四部分将向你展示如何实现第三部分描述的各种策略,你将学到如何把它们应用到你在日常生活中遇到的各种人(比如你的朋友、家人、老板或同事)的身上。

如你所见,本书有很多内容要讲。但是不用担心,本书写得很紧凑。每个部分都十分简洁高效,力图在尽可能短的时间内提供最有价值的建议。

在下一节中,我将向你展示如何充分利用本书的内容。

如何从本书中获得最大价值

本书是一本指导手册,这听起来可能有些无聊,但实际上是一个优点。这意味着书中的内容是条理分明、一应俱全的。无论你在学习说"不"的过程中处于哪个阶段,本书都能给你提供帮助。

此外,书中的具体内容你也很容易检索。如果你需要重新阅读关于某个特定概念或策略的部分,那么你只需浏览目录。所有内容都以一种逻辑分明、直观的方式排列出来。

你可能想迅速读完本书,它确实很短,你可以在几个小时内读完。但是如果你真的想从中获得最大的收益,我推荐你采用另一种方式,即阅读完每一节后暂停,仔细思考一下,你的生活经历中是否存在类似的情况。

例如,在第二部分,我们将谈论自卑的影响,以及自卑是如何使我们倾向于取悦他人的。在读完那一节之后，你可以停下来想一想，自卑是否给你带来了问题和困扰，想想它是如何影响你与他人的互动的，再想想它是如何妨碍你实现自身需求的。

以这种方式思考，可以让你牢牢记住与你独特的个人经历有关的内容，然后你会发现，本书的内容将对你产生更大的帮助和影响。

当读到第三部分时，你可以努力寻找机会应用那些策略，积极尝试每种策略并注意其效果：求助者对你说"不"的策略有何反应？这些策略的使用是否影响了求助者对你的看法？此外，还要注意，在帮助你重新掌控自己的时间这件事上，每个策略能够起多大的作用。

这些建议其实就是让你成为一名积极的读者。听取了这些建议，你就能充分利用从本书中学到的内容。

积极的改变从今天开始

在进入第二部分之前，我需要你做些简单的准备工作，如果你希望从本书中获得最大收益，这件事情是至关重要的。

我需要你做出承诺，保证你会在生活中应用本书中的建议。

有些人图轻松，在读完本书后就把它束之高阁，而不采取行动。请不要这样做，阅读和学习只能让你领会本书的一部分内容，更重要的是应用你学到的东西，这是改变你的习惯并让你的生活变得更有意义的契机。

如果你已经准备好了，那就让我们开始吧！

第二部分

为什么
我们很难说"不"

"NO"是英语中最短的单词之一。然而，很多人都认为它的力量太过强大，因而不敢轻易说出。当设法说"不"的时候，我们总会本能地淡化自己的意图，在拒绝的同时向求助者提供借口，表达歉意。

为什么这个小小的词语有如此大的魔力？为什么我们不愿意将它说出来？

本章将解释我们很难对他人说"不"的一些最常见的原因。毫无疑问，在生活中，你已经经历或见识过其中的一些原因。正如你将在后文看到的，我几乎对所有原因都有亲身体会。

我们大多数人从小就认为，说"不"是一种粗鲁且自私的行为，这种想法渐渐成为我们价值观的重要组成部分。因此，在童年和成年后的很多时间里，我们都试图以一种自己认为更体面、更值得尊敬的形象生活。

结果呢？我们最终会对身边的每个人说"是"，这使得我们越来越沮丧、痛苦，并充满怨恨。

你将了解自己害怕说"不"的原因。而认识到这些或凸显或潜藏的原因，正是你摆脱"说'不'是卑鄙、冷酷或自私的"这一错误观念的第一步。

那么，让我们开始吧……

不想冒犯他人

人们经常会因把别人的无心之举当成刻意冒犯而感到生气，例如，当他们向别人寻求帮助时却听到了"不"字。

你也许能回忆起发生在自己身边的例子。有人向你寻求时间、精力或金钱方面的帮助，你礼貌地拒绝了这些请求。但是他很直接地、不留情面地给出了消极的反应：眉头紧锁、嘴唇紧闭，脸上流露出受伤和愤怒的表情。

被拒绝的人认为自己受到了冒犯，他甚至可能会说："你这样做很没礼貌。"这些行为让你感到内疚。当你看着求助者转身离开时，他的肢体语言流露出明显的失望，你不禁觉得自己做错了什么。

但是，让我们从逻辑上分析一下上面这个场景。

我们先要了解这种被冒犯的感觉是如何出现的。一般的愤怒是针对道德上失当的行为或尖刻的言辞，但是这与我们面对的情况关系不大。这也不是对错误、邪恶行为的反应。在这种情况下，被冒犯的感觉通常源于求助者的不安全感，他把"不"这个词理解为针对他个人的拒绝，从而引发了痛苦的反应。

我花了很多年才意识到这一点。当我终于明白这些时，一切都豁然开朗了。

我意识到，只要尊重请求帮助的人，我就不用对拒绝时他人的被冒犯感负责。想通了这些，我有一种获得解放的感觉，这让我从拒绝他人的恐惧中解脱出来。

假如生活中有人听到"不"字就非常生气，当下次这个人向你寻求帮助而你又无法为其提供帮助时，你要注意拒绝他的请求时你的心情和感受。你会感到内疚吗？你觉得自己好像做错了什么吗？

你需要主动意识到你不应该这样想。只要彬彬有礼、坦诚相待，你就不用对求助者的被冒犯感负责。

不想让别人失望

如果你像我一样讨厌让别人失望,那么当看到自己的言语和行为让别人流露出悲伤的表情时,你会感到难过,你会归咎于自己。看到这种表情,你会觉得是你让别人失望了。

这不仅仅是一种逻辑上的认识,更是一种真实的内心感受。

这种内疚毫无理由。当对别人说"不"的时候,你不需要对他们的失望负责。为了充分理解这一事实,你先要了解失望是如何产生的。

失望源于未满足的期望。回忆一下你生命中经历这种情绪的时刻,毫无疑问,导火索都是一些不符合你预期的事情。

比如,你可能在阅读了如潮的好评后去了一家餐馆,却发现你不喜欢那里的食物和就餐氛围,两者都没有达到你的期望，因此你很失望。

再比如，也许你期望自己的孩子能够得到全 A 的成绩，最终却惊讶地发现孩子只拿到了 B 或 C，这时你会很失望。

或者，你在工作中期待升职，当没有获得晋升时，你会感到失望。为什么？因为你的期望没有得到实现。

现在，好好想一下当你对某人说"不"的时候会发生什么。假设一位同事向你寻求帮助，但你就快要被自己的事情压垮了，所以你拒绝了这个请求。

对你拒绝提供帮助这件事，你的同事明显感到失望。但是他的失望真的是你的错吗？还是因为你的同事之前对你提供帮助的能力和意愿产生了不切实际，甚至不公平的期望？

我几乎可以肯定情况是后一种，除非你之前答应要帮助你的同事。所以，你不应该为他的失望负责。

认识到这个事实后，你会发现，在对别人说"不"的时候，你会更容易摆脱对"让人失望"这件事的恐惧。你会慢慢明白，他们的失望既不是你的过错，也不需要你承担责任。

这种观点会带给你勇气，让你不再迁就任何一个向你提出的请求和求助。

不想显得自私

大多数人都会在乎别人如何看待自己，我们希望在别人眼里自己是善良、有爱心、乐于助人的人。为了达到这个目的，我们也会通过自己的行为让自己表现得像这样的人。

例如，进出大厦时，我们会为走在身后的人扶一下门；在商店排队时，我们对健谈的陌生人微笑、打招呼，并倾听他们说话；当被要求提供帮助时，我们会本能地答应。

在这些情况下，做出其他任何选择都会显得很自私，对吧？我们当然不希望别人认为我们是自私的。

这种思维方式是可以理解的，却是错误的。更糟糕的是，在面对"如何在互不兼容的需求中分配时间和精力"这个问题时，这种思维方式会促使我们做出糟糕的决定。

我们每天的时间是有限的，这意味着我们每次对某人某事说"是"时，就是在对其他的人和事说"不"。而每次说"不"时，我们就相当于解放了自己，让自己可以把时间和精力用在其他事情上。

在这种情况下，说"不"真的是自私的吗？我认为不是。让我用一个我生活中的例子来说明。

我之前提到在帮朋友搬家时我是最合适的人选，我的皮卡和说"是"的倾向让我成为人们在找人帮忙搬家时能想到的最佳人选。不幸的是，我花在满足他们需求上的时间恰恰是我理应花在我的家庭、我的学习和我喜欢的活动上的时间。

换句话说，在照顾他人的过程中，我有意无意忽略了照顾自己。我忽视了我的家人，把自己的工作放在了次要位置，我没办法做自己喜欢的事情，我的压力越来越大，也越来越不开心。

这是一种非常糟糕的生活方式。

照顾自己并不是一种自私的行为，而是一种必要的行为。问题是，如果你总是对别人说"是"，把他们的优先级放在前面，你就没有时间和精力去关心自己。慢慢地，你会变得烦躁、愤怒和痛苦。

再说一遍，这是一种非常糟糕的生活方式。

当你对某些人说"不"的时候,他们会认为你自私吗?当然有可能。你不能控制他们的感受,但你要提醒自己,你不必为他们的这种感觉负责任。

你能做的最负责任的事情就是在迎合他人之前先照顾好自己,即使这样做通常意味着拒绝别人的请求和邀请。毕竟,如果把你的时间、精力和注意力都用在别人身上,你就没有任何东西能留给自己了。

而这样你是不可能过上幸福生活的。

渴望帮助他人

回想一下你上一次伸出援手的经历。我敢打赌那种感觉一定很好。你的建议或行动让那一天的世界变得更美好了，那肯定是一种奇妙的感觉。

这就是为什么很多人喜欢帮助别人。我们为他人的幸福做出了贡献，这本身就是一种令人兴奋的回报。事实上，帮助别人会让人上瘾。我们中的一些人总是在想方设法帮助他人，即使这样做意味着必须放弃自己的需求和责任。

我们随时准备伸出援手，总在寻找需要帮助的人。只要有人向我们求助，我们就会欣然应允。

对某些人来说，帮助他人的愿望源于向他人表达爱的渴望。例如，我们会帮助家人或密友，因为提供帮助是向他们表明"你对我很重要"的最简单的方式。

对另一些人来说，帮助他人的愿望源于扮演从天而降、拯救世界的"白衣骑士"的冲动。例如，我们会在路上停下车，主动帮助遭遇故障的司机更换汽车轮胎。

还有一些人，对他们来说帮助别人是补偿缺陷的一种方式，他们得到的感激可以让他们忘记自身的缺陷和不足。

这些动机都是可以理解的。但是如果不加以控制，这些动机会导致我们反复忽视自身的需求和目标。

诚然，帮助他人是可敬的，但是你的资源是有限的，你只有这么多时间、金钱和精力。在使用这些资源时你一定要谨慎，这一点非常重要。

总会有人从你的关心中受益。如果你愿意提供帮助，也总会有人乐意接受。但是记住，你没有责任和义务去解决其他人的问题，真正需要你负责的是你自己和依赖你的人（如你的直系亲属）。

这并不意味着你不应该帮助别人，而是意味着从长远来看，帮助别人的前提是确保自身有强大的能力和良好的状态。

换句话说，无论发生什么，都要先照顾自己，再考虑帮助别人。

自我价值感过低

自尊心是一个难以捉摸、很微妙的东西。有时候，我们自信到觉得自己可以征服世界；有时候，我们却完全失去安全感，自我怀疑，以至无法做任何事情。

这些感受影响着我们如何看待自己。它们影响我们的自我形象认知，并提升或降低我们的自我价值感。不安全感会让我们认为自己"不合格"，甚至引发痛苦的羞愧感。

认识到这些感受的影响力是很重要的，因为正是这些感受阻止我们对别人说"不"。

严重的自卑感会使我们产生错误的自我认知：认为别人的时间更有价值，别人的目标和兴趣更高级，别人对世界的价值更大。

基于这种逻辑，我们会自然而然地倾向于把别人的需求放在自己的需求之前。这样做的结果是,当被要求提供帮助时,虽然说"不"是更正确的选择,但是我们会本能地说"是"。

这并不是一个人们很容易解决的问题。许多受自尊问题困扰的人已经坚持斗争了很多年,甚至有些人一生都在斗争。改善自我认知是一个漫长的过程,一路上会有很多阻碍。

好消息是,说"不"确实可以有效提高自我价值感。"不"说得越多,你就越会意识到自己的时间、事业和意愿与求助者的同样重要。

这对提高自尊心来说是非常有意义的一步。

本书的目的不是处理和解决具体的情绪问题,而是帮助读者变得更自信,克服一味应承以取悦他人的冲动。在这个过程中,你会发现,坚定地、有风度地说"不"会带给你信心,推动你朝着与自己的信念一致的方向前进。

希望得到喜爱

渴望被别人喜欢，是一种很普遍的情感。我们希望别人被我们吸引，信任我们，并因为和我们在一起而变得开心。

这种渴望根植于每个人的内心。这就是我们与其他人建立关系的方式。我们总是试图理解别人，同情别人，希望能因此被别人接受。

因此毫不奇怪，当知道自己应该说"不"的时候，我们经常说"是"。这是由于我们渴望得到他人认可而产生的本能反应。

在这里，我想再说一遍我的经历。上高中时，我拼命地想被同龄人喜爱。于是，我成了别人求助的最佳人选，每当有人向我求助时，不管是需要我的时间、精力还是金钱，我都欣然同意。

我是一个彻头彻尾的"讨好者"。我不能说"不",因为说"不"意味着放弃了获得他人认可的机会。

这是一个很常见的人性弱点。其实许多人都在与自身的这些弱点做斗争,即使他们羞于承认。[1]但重要的是,要认识到这种对认可的渴望是我们倾向于说"是"的诱因。当意识到自己的动机存在问题时,我们就可以回顾这些动机并采取措施,根据自己的价值观重新修正动机,调整决定。

如果你经常为了让别人喜欢你而说"是",那就请你继续阅读本书。我会告诉你如何消除这种冲动,并找回属于你的时间、精力和尊严。

还有一件事应该能让你兴奋起来:学会有目的、有分寸地说"不",实际上会提高你在朋友、家人和同事眼中的地位。你将不再被视为受气包,相反,你会赢得他们越来越多的尊重和信任。

---

[1] 我很乐意分享自己的尴尬故事,因为这些故事提供了活生生的个人成长案例。如果我能克服取悦他人的习惯,你也可以!

希望被人高看一眼

回想一下上一次你为别人提供帮助的情形。也许是有人向你寻求建议,也许是有人询问你对某事的意见,也许是有人向你咨询有价值的信息。

这种感觉很好,不是吗?被感谢的感觉真不错。

我们都喜欢被别人认为是有价值的人,我们喜欢别人"有事相求"的感觉,这让我们在他人眼里有了更高的地位,哪怕只是暂时的。

问题在于,这种感觉过于令人陶醉,会促使我们不断寻找机会来证明自己的价值,并不断强化"我很有价值"这一想法。这种飘飘然的感觉会产生一种激励效果,让我们在即使应该说"不"的时候,也会答应别人的请求。

假设有一位同事请你帮她写一份报告,并且说你是这方面的专家。如果"显得有价值"对你来说很重要，被称为专家会让你变得兴奋，你就会倾向于同意她的请求，以此强化她的"你是专家"这一观点，即使这意味着你要把自己的事情放在次要位置。

或者，假设一个朋友请你帮他搬家，并且说你的帮助对他来说是无价的。被人看重的感觉非常好，你希望你的朋友继续认可你的价值，所以你同意了。

不幸的是，这样做花费了你好几个小时的时间，而这些时间原本可以用来做更重要的事情，比如，和你的伴侣以及孩子共度一整天的时光。

这并不是说你应该一味拒绝别人的请求，这也不是本书的目的。我希望鼓励读者积极反思：在优先处理别人的事情时，你要认清这样做的动机。例如，你是否只是为了在他人眼中显得有价值而经常对别人说"是"？

正如前文提到的，帮助别人是一件值得被尊敬的事情，但是出于不恰当的动机而帮助别人只会演化成一种不良习惯，最终让你感到痛苦和怨恨。

在后文中，我会告诉你一些帮助别人的更好的方法。

"错失恐惧症"

你有没有这样的经历,因为害怕说"不"会导致你失去升职加薪或承担新项目的机会,所以你对老板违心地说了"是"?

你有没有这样的经历,因为害怕说"不"会让你失去有意义的生活,所以你总是答应朋友的各种邀请?

这就是"错失恐惧症",它是指我们因预期到可能无法把握机会而感到的焦虑。这是许多人即使意识到说"不"其实更好,也要说"是"的一个常见原因。

例如,在工作场合,我们不断承接新项目,是因为我们担心拒绝新项目会阻碍我们的职业发展。

和朋友在一起时,我们努力参加各种活动,是因为我们害怕错过宝贵的共同经历。

而社交媒体只会强化这一趋势。我们不断地在手机和平板电脑上浏览脸书的动态,看着其他人发布他们到处游玩、聚会、体验新生活的经历,然后责备自己缺少能够在社交平台上分享的独特经历。我们最终会倾向于对任何邀请说"是",只有这样我们才不会感到被其他人冷落了。

奇怪的是,即使想好好把握每一次机会,我们也会感到注意力不集中、沮丧和不快乐。这是为什么?因为孜孜不倦地追求机会导致我们过度劳累,而这些机会对我们来说其实并不是必要的。

所以,问题不在于我们对机会说了太多的"是",而在于我们无法区分虚假的机会和真正的良机。

记住,一天只有那么多时间,你不能什么都做。也就是说,每次对某件事说"是"时,你就默认了对另一件事说"不"。

在追求机会的过程中,你总会错过另一些机会。

这是学会说"不"的重要原因之一。只有对一些机会说"不",你才能自由地对那些真正有益的机会说"是"。

改变这种习惯需要改变心态。这意味着你要战胜"错失恐惧症",同时还要分辨哪些机会与你的目标和利益是一致的。

求助者的情感欺凌

你偶尔会遇到一种人,他们拒绝接受别人的否定回应,他们会不遗余力地强迫你答应他们,不惜使用情感欺凌的手段。

情感欺凌是指,一个人为了达到自己的目的而采取各种手段让别人感到害怕、愤怒或自我怀疑。具体的手段有很多种,包括:

- 大喊大叫
- 说脏话
- 威胁
- 嘲讽
- 羞辱
- 排斥

・指责

情感欺凌者常常使用上述策略让受害者感到内疚、恐惧、羞耻和尴尬。他们的思路是，经历这些负面感受的人会妥协、投降，从而对施虐者说"是"，哪怕他们只是为了停止被欺凌而选择撒谎。

情感欺凌者知道自己在做什么，他们知道自己在操纵别人，也知道这对受害者是无礼的、不公的。

认识到这一点很重要，因为这种观念能给你面对欺凌、揭露欺凌真实面目的自由。它还能给你自信，当欺凌者试图让你说"是"的时候，你可以坚定地说"不"。

假设你拒绝了一位同事的求助，因为你需要足够的时间履行自己的工作职责，你的同事因此对你大喊大叫，甚至破口大骂。

你可以这样做：提醒你的同事，大喊大叫和咒骂只会显得他素质低、没有职业精神，而且这种行为对解决问题没有任何帮助。你甚至可以提醒他回忆一下，上一次喊叫和咒骂对他产生帮助是什么时候。

换句话说，要堂堂正正、光明磊落地回应欺凌者。

你现在知道了欺凌者是在故意控制你，所以你不会被他的策略左右，不会被他影响而感到羞愧、恐惧、内疚或不安。相反，你会发现，欺凌者的喊叫和咒骂只会暴露出他自己的人格缺陷。

　　了解这些之后，你会更容易保持自信并坚持自己的立场。

冲突焦虑

很多人之所以很难说"不",是因为他们在与"冲突焦虑"做斗争。他们厌恶对抗,为了避免冲突,他们几乎可以做任何事情。对他们来说,说"是"是平息潜在冲突的一种简单又快速的方法。

我非常认同这种思路,因为我从小就厌恶冲突。当和我交谈的人开始变得焦躁、愤怒、失望时,我会立即试图安抚他们。如果是我说过的话引发了对方的这种感觉,我就会立即收回我的话。

让我来举一个例子,说明这样的场景是如何发生的。

求助者: 达蒙,我想请你帮个忙,有时间吗?

我: 当然可以,需要我做什么?

求助者：这周五能麻烦你送我去机场吗？

我：对不起，我这周五没空。

求助者（发火）：你说真的？你不打算帮我吗？

我（呆若木鸡地盯着他）：呃……

求助者（越来越生气）：要是这样的话，以后有任何事你都不要再来找我！

我（拼命结束冲突）：好吧，好吧，冷静点儿，我送你去机场。

顺从求助者的要求远比坚持自己的立场容易，因为我对冲突有很强的抗拒感。为了避免冲突，我情愿做出让步。

也许你能理解我的这种想法，也许你也倾向于对别人说"是"，这样他们就不会对你生气、失望，你已经学会使用"友善"这一手段来扼杀任何产生冲突的机会。

问题是，如果不断为避免冲突而妥协，你就会不断强化"自己的感受没有别人的重要"这一观念。但事实上，你自己的感受并非不重要，你只是被迫产生了这种感觉。

如果你害怕冲突，你可以先做一些细微的、简单的事情来克服这种恐惧。

第一，你需要认识到，想要人与人之间总是保持和谐是不可能的。人们总会有相互矛盾的观点、需求和欲望，所以摩擦在所难免。

第二，提醒自己，发生冲突不一定是坏事。冲突可能只是人与人之间表达矛盾观点的方式。而一个人对冲突的反应可能是平静的，也可能是愤怒的，这完全取决于此人的个性和教养。

第三，一步一步地练习说"不"。从不会产生冲突的简单情况练起，比如，告诉服装店的售货员，你不想买他推荐的那件衣服。进而尝试应对可能会对拒绝产生更强烈反应的复杂情况，比如告诉二手车销售员，你不想买他强烈推荐的那辆车。

从低风险的情况开始，你将逐步建立起对冲突的耐受性。就像练习肌肉一样，这种耐受性会随着反复使用而变得更强。最终，即便面对一个被拒绝时容易气恼的人，你也可以坦然地说"不"。

取悦的习惯

对我们许多人来说，说"是"是一种根深蒂固的习惯。在很长一段时间里，我们通过不断学习以建立这个习惯，而随着我们的成长，这个习惯越来越顽固，直到变成一种本能。我们机械地遵循习惯，甚至会在意识到自己在做什么之前，"是"就脱口而出了。

从某种意义上说，每当别人请求我们做某些事情时，我们的大脑就是按这种方式自动做出反应的。

想想你上一次同意做根本不感兴趣的事情，你有没有发现，在意识到这样做会对自己产生影响之前，你就答应了请求。

这是一种后天习得的行为。

这种行为可能源于多种因素。比如，你可能小时候就知道，说"是"会得到父母和其他权威人士的认可。或者你发现，说"是"会让别人开心，这反过来会给你带来一种成就感。或者你可能已经发现，对同事说"是"，会让他们更倾向于接纳你。

这样的经验对我们有强大的影响，会训练我们不断地适应他人，因为这样做能带来明显的短期利益（包括认可、自我价值感和社会包容）。这种经验越多，我们就越想重复这个过程。

于是，我们不断寻找下一次"刺激"。

好消息是，像任何习惯一样，我们可以克服本能地说"是"这种倾向。我们可以摒弃这个习惯，重新组织自己的思维方式，这样能让我们更好地思考别人对我们的要求。

关键在于微小进步的不断累积。

例如，在开始的时候，专注于做到让自己不要马上说"是"，多给自己一些时间考虑别人的要求以及造成的影响。想办法中断自己的本能反应有助于改变习惯。

接下来，你需要思考自己倾向于说"是"的原因。

你用来说服自己的理由真的成立吗？例如，你希望得到求助者的认可吗？你需要别人来证明你的价值吗？成为某人的朋友对你来说重要吗?

经过思考你会发现,这种自动说"是"的习惯是由微不足道的动机推动你不断习得并养成的。

要改变多年来反复训练养成的习惯并不容易,但这的确是你可以做到的。第一步,也是最重要的一步,就是要先认识到这个习惯的存在。

突击测验：你是一个"讨好者"吗

让我们来看看你对别人说"是"的倾向性有多大。大多数人都在各种程度上与"讨好型人格"这个问题做斗争，但是"偶尔讨好"的人和"长期讨好"的人之间存在明显的差异。

是时候弄明白你是哪种人了。

下面有15条陈述，请仔细阅读每一条，以1到5进行打分。如果该情况完全不符合，打1分；如果该情况完全符合，打5分；如果该情况有部分符合，请打2分、3分或4分来表示其程度。

完成以下15条陈述的打分后，算一下你的最终得分，这个分数会揭示出你放弃自己的需求、优先考虑迁就别人的程度和可能性。

（1） 我从不说出自己的想法，即使对某事有强烈的感受。

（2）我总是觉得需要微笑面对别人，即使自己很烦躁，也要对别人充分表达友好。

（3）我害怕与别人发生冲突。

（4）当为自己做一些事情时，我会认为这是自私的。

（5）我经常默许朋友、同事、家人甚至陌生人侵犯我的私人边界。

（6）我总是努力成为别人希望我成为的人。

（7）我经常牺牲自己情感上的快乐，以确保其他人快乐。

（8）我害怕别人对我产生负面看法。

（9）我拼命想被别人喜欢。

（10）我经常避免主动采取行动。

（11）我害怕拒绝别人。

（12）我过度分析自己的每个决定，担心我的决定会引起别人的负面反应。

（13）当收到积极的反馈时，我会情绪高涨；当收到消极的反馈时，我会陷入绝望。

（14）我相信每个人都是好人，即使一个人对我有虐待和情感操纵行为，事后我也认为他是个好人。

（15）我对说"不"这件事充满了恐惧。

现在计算一下你的分数，看看你以牺牲自己的幸福为代价，对别人说"是"的可能性有多大。

15~30分——你很容易说"不"，你能对如何使用自己的时间和其他资源做出明智的决定，并且在别人贬低你的决定时保持坚定。履行自己的义务，尽到自己的责任，关心自己的幸福比取悦别人更重要。

31~45分——当追求个人或职业目标时，你有时会感到矛盾，因为你知道你同时也可以帮助别人实现目标。说"不"对你来说不是个大问题，如果有必要的原因，你通常能做到拒绝请求。然而，你说"是"的次数比你想象的要多。

46~60分——你在没有意识到的情况下被迫取悦别人，你非常厌恶发生冲突，并竭尽全力避免冲突。当他人愤怒、恼怒、苦恼或不悦时，你会立刻放下手头的工作去帮助他人。而在这个过程中，你完全服从于他人的要求，失去了自我。

61~75分——从醒来的那一刻起，你所做的一切都是为了让别人开心,你很少考虑自己的幸福,你愿意放下自己的目标和责任去迁就他人。你没有个人界限,允许别人随心所欲地打扰你。说"不"的想法对你来说是不可想象的,因为这样做可能会对他人产生负面影响。实际上,你已经养成了长期取悦他人的习惯。

如果你的分数大于30,我有个好消息,你会发现本书的第三部分提到的策略对你有立竿见影的效果。

警告:想要应用这些建议并不容易,因为取悦他人的习惯很难被打破。但是不管这个习惯有多么根深蒂固,只要想改变,你就有能力改变。本书的其余部分将引导你一步一步改变自己,改变你的人生。

接下来

你已经意识到无法说"不"这个问题的存在,以及它对你日常生活的影响。你也认识到了把别人的需求放在自己的需求之前的原因,但是你还不确定该如何解决这个问题。

我会在本书的第三部分告诉你该怎么做。我将向你介绍各种优雅、沉着、诚实地拒绝请求的方法。

你准备好战胜内心那个"讨好者"了吗?

如果准备好了,就喝一杯饮料,放松一下,然后继续读下去……

第三部分

建立边界感的10个策略

在学习说"不"的过程中，你面临的最大挑战是，克服求助者失望时你产生的内疚、恐惧和羞愧感。这并不是一个轻松的任务，对大多数人而言，完成它需要多年的训练。

有些人（包括我）在一生中的大部分时间里都在积极主动地帮助他人。我们不断地训练自己，把别人的需求放在自己的需求之前，而扭转这个习惯需要耗费相当多的时间和精力。

好消息是，只要努力，你就能做到。如果你愿意运用我在后文与你分享的策略，你就可以逐渐降低自己取悦他人的倾向性。当你越来越频繁地说出"不"的时候，你会发现，这样做给了你自由，你可以把时间、精力花在更有成效、回报更高的事情上。

正如我前面提到的,重点不是拒绝帮助别人,而是要学会当心里知道拒绝是你能做出的最好决定时,你如何毫无愧疚地说出"不"。

了解这些之后,让我们开始讨论策略1。

策略1：直截了当

下面这个场景看起来熟悉吗？

有人向你求助，但是此时你已经被堆积如山的工作淹没了，所以没有时间伸出援手。你知道你必须拒绝对方的请求，考虑到手头的工作量，你其实没有其他选择。

但你不会用"对不起，我现在没办法给你提供帮助"来回应。相反，你支支吾吾、含含糊糊，最终说："呃……也许吧，但是我现在有点儿忙，我不知道能抽出多少时间帮你。"

这向求助者发送了一个含混不清的消息：你正在忙于其他事情，但是很有可能会接受他的这个请求。这表明你可能会被说服，继而放下自己的事情去迁就他的需求。

求助者可能会利用这一机会，向你继续施加一种紧迫感。例如，他可能会说："这件事对我来说非常重要，我现在真的需要你的帮助！"

当含糊其词地回应一个请求时，你无意中向求助者发出了某种信号，他会因此向你施加更大的压力。寻求帮助的人会认为你在犹豫不决，他会意识到，你可以因哄骗而妥协，从而达到他的目的，即使这意味着你自己的事情会受到影响和干扰。

出于这个原因，当拒绝别人的请求时，你最好直接说清楚，不要拐弯抹角，不要指望你含混不清的拒绝能对求助者起到安抚作用，你要坦率、直接地说出自己的不愿意。

直截了当地拒绝请求并不意味着你要做出不礼貌的事情。事实上，你的坦诚更有可能得到求助者的认可，他会知道试图说服你是在浪费时间，他可以更明智地利用这段时间去别的地方找别人寻求帮助。

说"不"的时候最好带着理由，你的理由证明了你真的是没有能力伸出援手，而不是不愿意伸出援手。你可以比较一下这两种对求助者的回应方式。

（1）"我没时间帮你。"

（2）"我正在写一份重要的报告，两小时后就要提交，所以我没时间帮你。"

第一种回应会让求助者怀疑你拒绝帮助是出于个人原因。这可能会导致误解和对抗，对双方都没有好处。

第二种回应排除了针对个人的可能性，而且能证明你的决定是合理的、切合实际的。求助者可能不喜欢你的决定，但更有可能接受这个决定。

诚实地说出你拒绝求助者的理由，不要编造理由。如果编造，你会因撒谎而感到内疚，求助者也会认为你缺乏诚意，甚至可能对你产生怨恨。

所以，拒绝的最好方式就是直接、诚实和礼貌。

策略2：不要拖延时间

你可以分辨出别人什么时候是在拖延时间，而当你拖延时间时，别人也能看出来。我们都没有自己想象的那么善于隐藏。

然而，当有人向我们寻求帮助时，许多人仍然会倾向于拖延时间。我们知道自己抽不出时间和精力，所以我们给求助者的答案一定是否定的。但是在真的表示拒绝的时候，我们并不会给求助者一个直接的答复，而是拐弯抹角，想办法拖延这件不可避免的事情。

例如，我们可能会这样回答求助者："我回头再跟你说？"或者告诉求助者："等我有空的时候再说，让我先考虑一下。"

有时这样做是为了显得委婉，我们知道自己必须拒绝别人,但是不希望求助者认为我们在拒绝他,更不想让求助者认为这是在针对他。

有时候我们是出于恐惧才这么做的,我们担心拒绝求助者会引发冲突,所以选择拖延,希望降低拒绝产生的影响。

还有些时候,拖延是因为我们确实想帮助他人,却不知如何去做,我们拖延时间是希望找出方法,在帮助求助者的同时也不影响自己的事情。

但是,拖延是个很糟糕的主意。之所以这么说,有以下几点原因。

第一,拖延其实是在吊求助者的胃口,让他对你"能提供帮助"这件事抱有希望,即使你提供帮助的可能性已经很小了。当求助者意识到你无法提供帮助时,他的时间和机会已经被浪费了,他可能会因此恼怒,甚至怨恨你。

第二,拖延会让你显得优柔寡断,当你没有直接回答"不"时,求助者可能会更加自信,他相信可以进一步说服你接受他的要求。

第三,拖延会延长你处理这个问题的时间,从而导致你的生产力降低。拖延会迫使你花更多不必要的时间来拒绝请求。

因此，当有人向你求助，而你知道必须拒绝这个求助时，你一定不要拖延，要直接明了地拒绝。这样做可能会让求助者觉得不舒服，甚至可能导致他以愤怒的情绪回应你。但是你要清楚，你无法控制别人做出什么反应，也无法控制别人反应背后的情绪。

真诚、直接地说"不"既可以表示你对求助者的尊重，也可以避免求助者的要求像乌云一样一直笼罩着你。

策略3：用其他措辞代替"不"

说"不"会给求助者带来负面影响，即使你表现得很优雅，也不能避免这一点。例如，如果求助者认为你的"不"是针对他个人的，他会感觉被冒犯了；如果你的回应伤害了求助者的自尊心，他会因此而生气。

不管你如何委婉地拒绝请求，这些反应都有可能发生，因为"不"是一种确定的拒绝。许多人没有做好听到直截了当的"不"的心理准备，也没有能力以平静和理解的态度接受它。

反复与这样的人打交道，我们会知道对他们说"不"不仅十分困难，而且代价高昂。通常，这些人会愤怒地离开，并告诉他们的同伴，我们太顽固，不愿意提供帮助。这可能会导致我们之前建立的关系破裂，危及我们的声誉，并影响我们的职业生涯。

因此，不难理解我们很难对别人说"不"。

好消息是，其实我们不用说出"不"这个字，就可以表达"拒绝请求"的意思。所以我们需要简化面临的问题，也就是找到不同的方式传达相同的信息。

举个例子，假设有个亲戚朋友让你送他去机场，但是你手头有一件紧急的工作要做，你可以简单地说"不"，并提供一个真诚的理由。如果他能理解、同情你的处境，那就最好了，你们两个都不会产生问题。

但是，假设你从过去的经验中知道他不会理解你，会倾向于把你的"不"当成你针对他个人的拒绝，并且很可能会因此生气，那么为了避免出现这种情况，你可以怎样拒绝他的要求呢？

下面给出几个例子。

> "我现在不能帮你，因为我手头有一个很紧急的项目。"

这个回答是告诉求助者，你很忙，无法从工作中脱身。

> "我真的很想帮助你,但是我现在正忙于一个项目。"

这个回答是让求助者知道,他对你来说很重要,但这次你不能帮助他是有正当理由的。

> "项目组的同事指望我来完成这个项目,如果现在放下这个项目来帮助你,我会让他们失望的。"

这个回答解释了你因为有需要履行的承诺,所以被迫拒绝这个请求。在这种情况下,大多数人不会提出过分的要求让你放弃承诺,转而帮助他。

注意,上面的例子都没有直接使用"不"这个字。其实"不"这个字很难被说出口,因为它非常直接,听起来冷冰冰的。避免用直截了当的"不"来拒绝请求,有助于减轻拒绝带来的冲击力,也可以化解你与求助者之间的潜在冲突。

这种方法适用于拒绝任何类型的求助。不管求助者需要的是你的钱、时间还是劳动,这种方法都一样有效。

策略4：抵制编造借口的诱惑

我们都能理解下面这种"诱惑"。

当有人向你求助而你抽不出时间时，你知道必须拒绝这个请求，但是你不想让对方认为你是在拒绝他，所以你会想出各种借口。

- 我不能送你去机场，因为我的车出了点儿问题，还在修理厂维修。
- 对不起，明天我不能帮你搬家，因为我前些天不小心扭伤了背。
- 抱歉，我不能为汤姆的退休聚会凑份子，今天我身上恰好没带钱。
- 今天我不能帮你照看孩子，因为我得在办公室加班到很晚。

- 今天我不能帮你修理地板，因为我答应了我的孩子要带他们去看电影。

通过这些例子，你理解我所说的"诱惑"是什么了吧。

这些借口是在试图欺骗向你寻求帮助的人。事实上，你的车很好，你的后背很健康，你的钱包里有现金，你打算下午5点就下班，而你的孩子不知道你今晚要带他们去看电影。

换句话说，你编造了各种借口来拒绝求助。

这种方式会导致两个问题。

第一，你可能会因欺骗求助者而感到内疚。更糟糕的是，求助者可能会看出你在找借口。正如我在**策略2**中提到的，我们都没有自己想象的那么聪明，所有的借口都有可能被识破。结果是，我们有可能获得"不可信"的坏名声。

第二，这种方式其实留下了协商的空间，而协商需要更多的时间和精力。假设你的邻居请求你今天下午帮他修理地板，你拒绝了这个请求，解释说你答应带你的孩子去看电影。那么他很有可能会说："好的，你们先去玩，那你明天有时间帮我吗？"

如果出现这种情况，接下来你要怎么做？一种选择是想出另一个借口（例如，"明天也不行，因为我妻子预约了医生，我要和她一起去"），但是那会显得你非常不真诚。

通过不断编造借口，你其实已经把自己逼到了角落里。

更好的方法是用一个简单的"不"字直接拒绝，并且坚决抵制找借口的诱惑。这并不会给人造成粗鲁或刻薄的印象，相反，只要你有礼貌，直率本身就表达了足够的尊重。

这种方式会带给你很多收获，坚持这样做可以增加你的自信，让你在将来能更容易做到优雅地拒绝别人的请求。

策略 5：掌控自己的决策

你有没有留意过，当有人向你提出时间、金钱或劳动方面的请求时，回答他"我不能"有多么容易！对我们中的一些人来说，这样的回应几乎是脱口而出的，类似于一种条件反射。我们几乎下意识便说出了"我不能"。

实际上，在大多数情况下，我们确实能为求助者提供一些帮助。我们可以牺牲自己的时间，也可以提供资金上的支持，甚至可以不顾自己身体的病痛，提供一些劳动上的帮助。但是当我们拒绝别人的请求时，我们却脱口而出："我不能。"

这样的回应让我们无法掌控自己的决策。我们陷入了不假思索直接拒绝别人的惯性思维。

从长远来看，这十分有害。如果在面对他人的请求时我们无法掌控自己的决策，那么我们永远不会真正拥有个人的选择。每次说出"我不能"时,我们都是在强化逃避责任的惯性思维。"我不能"意味着我们被外部的约束支配着。

久而久之,这会造成一种"我们无法掌控"的错觉。我们会相信外部因素削弱了我们的权威——我们的决策不是真正由自己做出的。

这是"赋权"的反面,是在剥夺我们的权利。它会对我们的行为和思想产生严重的负面影响。

好消息是有一个简单的解决方案,虽然真正做起来并没有那么容易。当想拒绝他人的请求或邀约时,你可以试着把你的决定表达为个人的选择。不要告诉求助者"我不能",而是告诉他

> "我不想"。

如果担心这样做可能招致潜在的敌意,你就给对方一个理由(确保你的理由是真诚的,不要随便给对方一个搪塞的理由)。重要的是,你要掌控自己的决定。

采用这种方式来回应那些你无法满足的请求,这是对你个人意愿和个人权威的肯定。你没有把拒绝提供帮助归于外

部原因,而是在有意识地规划如何使用自己的时间、精力和其他有限的资源。

你越多使用表达意愿的措辞,就越有信心拒绝与自身需求和信念相冲突的请求,也就越能赢得那些寻求帮助的人的尊重。

策略 6：请求助者稍后再来

这个策略不是拖延战术。确切地说，这是一种等你有更多的时间再考虑是否回应别人求助的方式。这种策略能让你在评估别人求助的紧急程度的同时，让求助者自己承担起责任。

例如，有一个苦恼的同事闯进你的办公室，哀求道："我真的需要你在这个项目上帮帮我。"而你正忙于自己的项目，无法在此时帮助他。但是在完成自己的工作后，你也许可以帮助他。

所以，你这样回应：

> "我现在没时间帮你。但是你可以下午 4 点以后来找我，那时我就没那么忙了。"

通过这样的回应，你可以消除求助者施加给你的压力，先专注地处理好自己的事情，而不必反复纠结要不要为他提供帮助。你可以之后再考虑，即使到了最后不想提供帮助，你也可以从容地做出决定。

这样做也传达了你至少愿意考虑其请求的意向。你并没有拒绝他，或者直接拒绝这个请求。相反，你表现出对他的关心，并且有意愿向他伸出援手。

注意，当求助者再来找你时，你同样没有义务一定要答应他。你可以事先强调这个事实，以降低求助者的期望。

通常，采用这种方法会导致两种结果。第一种结果是，求助者会去别处寻求帮助，这对所有人来说都很好。你可以继续工作，无须丢下自己的事情。同时，求助者可以更及时地获得他所需的帮助。

第二种结果是，求助者决心在没有帮助的情况下独立完成自己的项目。他意识到自己拥有足够的经验，并找到了依靠自己前进的信心。

当然，如果求助者仍在跟进，你可以到了那个时间点再决定是否答应他的请求。到那时，你可以充分考虑这个请求，仔细评估伸出援手是否会对你完成自己的任务产生负面影响，以及这种影响有多大。

策略 7：不要谎称自己没空儿

我非常理解这样的回应，尤其是当有人强迫你去做你不想做的事情时。作为一个诚实的人，你想尽量把自己的想法告诉他们。问题是，你害怕你的诚实让对方产生被冒犯的感觉，从而引起对方的不安或怨恨。

所以你选择撒谎。

例如，你告诉求助者："对不起，我不能送你去机场，因为我约了医生。"事实上，你并没有去看医生的计划。这种借口只是逃避他人请求的一种方式。

这是一个无伤大雅的小谎言。你说服自己，这并不是在伤害他人，有很多比"谎称自己没空儿"更严重的罪过。

但是，这样做会带来不好的结果。当说出这些小的、看似无害的谎言时，你削弱了自己的个人权威。你是在害怕别人对你的借口有看法。

假设你拒绝他人求助的真正原因仅仅是你不喜欢开车去机场,或者你不想在朋友的圈子里被称为"出租车司机",因为这意味着当人们需要搭车时,他们都会向你求助。

那么当有人请你送他去机场时,你可以这样表达:

> "我不想开车去机场,因为我受不了机场高速拥挤的交通。"

> "我不想开车去机场,因为来回要花三个小时。"

> "我刚度过了糟糕的一周,打算今天放松一下,所以我不想帮忙。"

> "我不去了,因为我不想让大家在想要去机场时都来找我。"

从表面上看,这些回答似乎不礼貌,但是你很直接。你向求助者展示了你对他足够的尊重和坦诚,你相信他也会尊重你的感受和意愿。

最重要的是,你变得相信自己的个人权威。与其谎称自己没空儿,并为此感到内疚,不如培养一种强烈的个人能动性。这样一来,在决定是同意还是拒绝请求时,你就学会了根据自己的实际理由做出决定。

随着这种信心和决心的增强,你会变得不再那么关心求助者的反应。你会认识到,你需要做的只是优雅、诚实并心怀尊重地拒绝请求,求助者的反应是他们自己的事情。

策略8：提供替代方案

没有人喜欢被晾在一边。当你说"不"的时候，试着给求助者另一个选择，这可以减轻他对你不能伸出援助之手的失望感。

假设一个叫约翰的同事来到你的办公室，请你帮他做一个项目。你正忙于自己的工作，因此打算拒绝他。比起简单地对他说一个"不"字，你应该给他一个替代方案。

这类方案通常可以提及其他人，这些人可能会代替你为他提供帮助。例如下面这些回应：

" 我对此很感兴趣，约翰。但是你可以问问托尼，我知道他有些空闲时间，也许他能帮到你。"

> "我很想帮忙,但是我要忙到下午 4 点,如果这件事不能等,你可以打电话给谢莉。她现在可能有空儿帮助你。"

> "约翰,你的项目听起来很复杂。我有些紧急的事务要处理,得赶进度。但是马克和桑德拉可能会对这件事儿感兴趣,他们或许能帮你。"

你如果正在帮求助者完成另一个任务或项目,也可以采取非此即彼的方法。例如:

> "约翰,我正在帮你处理某某项目。我可以继续帮你做那个,或者帮你处理这个新的,但没办法两者兼顾,你希望我做哪个?"

如果求助者有多项任务需要你帮忙处理,你可以选择提供其中的一两项帮助作为替代方案。例如:

> "约翰,我想帮忙,但是我没有时间同时制作 PPT 演示文稿、培训项目专家并管理测试团队。我很乐意帮你完成

PPT演示文稿。可以吗？"

　　这种方法不仅适用于同事，也适用于朋友、家人、邻居甚至陌生人。通过向求助者提供替代方案，你向他展示了你的关心，也减轻了求助者听到你拒绝其请求时的失望。

　　记住，你不欠求助者任何东西。这只是一种善意的行为，仅此而已。但是，无论是把求助者介绍给别人，还是只提供一定程度上的帮助，这种提供替代方案的方法都会让求助者对你产生感激之情。

策略 9：推荐更合适的人选

有时你会收到一些请求，而这些请求其他人能处理得更好。在这种情况下，拒绝这些请求对各方都有好处。你可以节省时间，专注于自己感兴趣的事和项目；求助者可以得到专门的帮助；你推荐的人将有机会展示他的能力。

将求助者介绍给其他人可以有许多理由。例如，这样做是因为你知道有人在这方面比你更有经验。

假设你的小说家朋友琼邀请你点评她最新的手稿。写一篇完整的书评不仅需要时间，还需要深入了解小说的叙事节奏、人物对白、观点的一致性和其他故事元素。这是一个向琼推荐更合适的人选的机会。例如，你可以告诉她：

❝ 琼，我从未点评过书稿，所以我还是不要评论为好，这不是我的强项。但是我的朋友苏珊对这种事很感兴趣，她会很乐意帮忙的。"

请注意，你不是简单地说"不"，让琼无所适从。尽管你拒绝了她的请求，但你向她推荐了一个更合适、更有资质的人来帮助她。

再举一个例子，假设你是一名经理，你的同事斯蒂芬请你帮忙审阅他对一个特定项目的财务分析。你不是这方面的专家。但幸运的是，你知道谁是专家，因此你可以这样回复：

> 我不想接手这件事，因为我对金融了解不多。但会计部的托比是这方面的高手。你可以请他帮忙检查一下你的分析，告诉他是我让你去的。"

同样，你给了斯蒂芬选择的余地，你把他引向了更能帮助他的人，你让他向托比提及你的名字，能更好地拉近他们的关系。

有时，将求助者推荐给从事相关项目或对该项目感兴趣的人是很有意义的。

举个例子,假设你的表弟(姑且叫他富兰克林吧)邀请你和他一起打高尔夫球。你对打高尔夫球不感兴趣,因此想拒绝邀请。但是,你没有把你的表弟晾在一边,而是向他推荐了你们共同的朋友汤姆,他也喜欢打高尔夫球。你可以对富兰克林说:

> 我不喜欢打高尔夫球,所以我不去了。但是你记得汤姆吗?他很喜欢打高尔夫球。如果他有空儿,我敢肯定他一定不会放弃这个机会的。"

把求助者介绍给其他人,特别是比你更合适或者和求助者有共同兴趣的人,即使你拒绝了他的请求,你也是在帮助他。这是一个很好的说"不"而不感到内疚的方法。向求助者推荐更合适的合作伙伴或资源,也是为他提供帮助。

策略 10：解释你的日程安排

这是我最喜欢的说"不"的方式之一，因为它可以让求助者没有余地再强迫我去接受他的请求。

这一策略是这样发挥作用的。

假设你的日程表上排满了各种任务和项目，它们会占据你一天中的大部分时间，你清楚这一情况，因为你很擅长评估完成各种任务所需的时间。

现在，假设你的朋友请你帮他搬家，你预计至少要花三个小时。而根据你的任务清单，你已经没有多余的时间完成这项工作了。因此，你必须拒绝这位朋友的请求。

一种方法是简单地说"我没有足够的时间帮你搬家"。但这可能会促使你的朋友尝试与你协商："来吧，只需要一个小时。你能抽出一个小时，不是吗？"

你可能会理直气壮地回答:"一个小时?!至少要三个小时!"

这时,你的朋友可能会反驳说:"这样吧,帮我一个小时,然后你就可以走了。"

如此循环往复,一轮又一轮地协商。

你也可以缩短这个过程,详细地向朋友描述你的一天,并解释为什么你没有足够的时间帮忙。例如,你可以说:

> 如果不是今天,那么我非常乐意帮忙,但是今天实在不行。看看我的日程表,我必须在下午 5 点前完成两个大项目,每个项目都需要两小时。今天我还有三个会议,每个会议至少持续 45 分钟或者更久。下午我有一个电话会议,会持续 30 分钟。剩下的时间我需要回复几个电话和一堆邮件,再找个地方吃顿午饭。我今天真的没有时间帮你搬家。"

为了让这一策略有效且让你没有负罪感,你必须真的忙碌一天。换句话说,不要编造事情让自己显得忙碌。

向求助者详细解释你没有足够的精力或时间,让他们知道你还有其他的事情要忙,而你没办法丢下这些事情。求助者也不会觉得你是在拒绝他,很显然,你是真的无暇他顾了。

很少有求助者会在了解你的实际情况后仍然试图与你协商,或者强迫你去帮忙。

奖励策略1：保持坚定

你难免会遇到一些拒绝接受他人推辞的求助者。当你拒绝其请求时，他们仍会再三坚持。他们会试图哄骗你接受他们的请求，可能会利用情感操纵，甚至直接威胁的方式迫使你迎合他们。

首先，你要意识到，你无法控制别人的行为。如果有求助者在你拒绝其请求后仍再三坚持，你要提醒自己，这个人的坚持与你无关。有些人就是爱强人所难。

其次，当你动摇决心时，固执的求助者可能会敏锐地捕捉到这一点，从而得寸进尺。他会看到这个机会，并想办法加以利用。

基于这些原因，你如果已经决定要拒绝某个请求，保持坚定的决心很重要。你如果依据正当的理由做出了决定，那就没有理由再摇摆。

当求助者变得咄咄逼人时,你坚持自己立场的一种方法是,点明他在强人所难。例如,你可以说:

> 莎伦,我知道你不喜欢被拒绝,想要继续坚持你的诉求,但是我不会改变主意。"

另一种方法是一针见血地提问,迫使求助者证明其请求的正当性。例如,你可以问:

> 你还向谁求助过?"

> 我缺乏这方面的专业知识,并不是帮你解决这一问题的最佳人选。你已经问过我们的常驻专家卡尔或者珍妮特了吗?"

有时,即使你已经明确地拒绝了,求助者也会坚持,并打算继续下去。他可能会试着和你谈判,甚至让你给出拒绝他的理由。

在这种情况下,你要表现得更自信、坦然,不要害怕反击。例如,你可以回答:

> 听着,萨姆,那我就开门见山了,我不会在这个项目上帮助你,而且我可以向你保证,我绝对不会改变主意。"

你不应该为这样的回应方式感到内疚,这一点儿也不粗鲁。你只是在直截了当地告诉求助者,他强迫你收回决定的努力是徒劳的。

求助者可能会被你的直率吓一跳。请注意,这样的反应并不能说明你的这一决定是不合时宜的。这仅仅是一种反应,一种你无法控制的反应。

态度坚定地拒绝他人的请求还会有一些额外的好处。当你一以贯之地这样做时,人们会逐渐意识到你不容易被操纵、威胁,并且不会因外界的施压而随意改变主意。

奖励策略2：保持礼貌

当求助者变得粗鲁和苛刻时，我们很难保持礼貌。我们很容易用同样的方式回应，哪怕只是为了向他们表明"我不是一个好说话的人"。我们很难抑制这种冲动。

但是，保持礼貌是很重要的，如果你在意别人对你的看法。以不礼貌的方式进行回应，可能会影响你的职业生涯，伤害你与他人的关系。

假如你以不礼貌的方式回应了一个向你寻求帮助的同事，他可能会认为你的态度不够专业，并且会把他的想法告诉你办公室的其他同事。

假如某个家庭成员邀请你参加一个聚会，你用一句带有讽刺意味的话回绝了，那么他的感情可能会受到伤害，他还可能会把你的回答添油加醋地分享给其他家庭成员。

假如一个朋友让你帮他搬家,你不喜欢这样的要求,因为有太多朋友都把这种帮助视为理所应当的事情。你感到情绪低落、沮丧,并且以有点儿粗鲁无礼的方式拒绝了你的朋友。这样做肯定会影响你们的友谊(至少在你道歉之前)。

你可以表现得既果断又有礼貌。果断指的是你要让求助者明白,你不会轻易动摇。礼貌指的是你要充分展示出对他的尊重,尽量降低对方可能会由此引起的敌对反应。

此外,彬彬有礼的态度表明你能控制自己的情绪。你不容易发怒,并且能始终保持一种无可挑剔、务实的职业精神。例如,你可以说:

> 谢谢你找我帮忙,感谢你对我的信任。问题是,我要忙到下午4:30,你能到那时再跟我联系吗?"

这种方法能有效缓和紧张的气氛,从而降低对方产生激烈反应的可能性。通过表达感激,你展示了你的优雅。通过建议求助者在你有空儿的时候与你联系,你向其表明了只要有时间你就愿意帮助他的意愿。

当对某人说"不"的时候,你要记得保持礼貌和果断。你会发现,彬彬有礼会让人觉得你是一个尊重他人、富有同情心且细心的人。这些特质反过来也会让人们更容易接受你的"不"。

奖励策略3：直面"错失恐惧症"

"错失恐惧症"会促使我们中的许多人习惯于说"是"，即使我们不具备足够的时间、精力或物质条件。一想到拒绝可能意味着机会从指缝间溜走，我们就会感到万分惶恐。所以，我们常常会在本想说"不"的情况下说了"是"。

例如，我们收到一个聚会邀请，有一个我们想见的人可能会出席。实际上，这个人出现的概率很小，但我们不想错过任何他出现的机会，因此还是接受了邀请。

或者在职场中，我们同意接手一个大项目，因为这样做可能会让我们获得晋升的机会。事实上，这种可能性也许微乎其微。但是我们仍然爽快地回答"是"，因为我们不想错过哪怕一丁点儿机会。

根据心理学家的观点，对许多人而言，"错失恐惧症"严重到足以诱发焦虑情绪。它甚至可能造成种种强迫行为，比如每隔几分钟就要查看一次电子邮件和脸书信息等。

我们中的大多数人都在某种程度上与"错失恐惧症"做着斗争。重点是要认识到，在我们没有充分思考是否合适的情况下，它就促使我们回答了"是"。

假设你有机会在工作中接手一个新项目。因为接手它可能有助于你的职业发展，所以你倾向于说"是"。但是接手这个项目可能有隐藏的成本。例如，对这个项目说"是"意味着你必须对其他项目说"不"，而其中的一些项目可能会提供更好的职业发展机会。

此外，考虑一下你的时间分配。你有足够的时间接手另一个项目吗？如果没有，接手这个项目很可能会对你目前的工作产生负面影响。进度落后、粗制滥造地完成工作对你的职业生涯绝对弊大于利。

评估一下，当应该说"不"的时候，"错失恐惧症"是否促使你说出了"是"。如果是这样，你就必须训练自己调整这种错误的心理状态。

这一过程需要时间和耐心，也许还需要一点儿勇气。下一次，当你本能地想对提议、请求或邀请说"是"的时候，请停下来，花点儿时间好好想想，你愿意答应这样的请求是因为这样做很有可能得到回报，还是仅仅因为你害怕错过某些机会？

想把所有的机会都尽收囊中听起来是个好想法，但也是对时间和精力的极大消耗。你应该能从过往的经验中体会到这一点。当内心的机会主义抬头时，你要有勇气说"不"，即便这样做意味着你可能会错失某个机会。

刚开始调整时会很困难，尤其是当你和"错失恐惧症"做斗争时。但是请放心，随着时间的推移和不断的实践，这会变得越来越容易。一旦成功抑制了对错失的恐惧，你就会更容易拒绝那些让你疲于应对的请求。

奖励策略4：按类别说"不"

你是否经常面临相同类型的请求？听到这些请求时，你的第一反应都是拒绝吗？如果是这样，这个策略就能为你节省大量的时间，也能有效防止求助者对你心生嫌隙，因为你的拒绝不会被认为是在故意针对某个人。

这一策略是这样发挥作用的。

假设你经常被同事要求帮忙处理与会计相关的项目，而这类项目并不在你的职责范围内。但是你的同事知道你在大学主修会计，因此觉得你能在这方面提供帮助。

问题是，经常有人向你求助，而满足这些要求会耽误你自己的工作。

一个解决办法是，不再协助同事做任何与会计相关的工作，拒绝这一类型的所有请求。随着时间的推移，你的同事都会知道这个情况,并转而向其他人寻求帮助。

这一策略不仅适用于工作场合,也能在你的个人生活中发挥作用。这在我身上得到了验证。

回忆一下我过去作为一个"讨好者"的生活。你可能还记得,在大学期间,我是帮助别人搬家的最佳人选。我有一辆皮卡,并且倾向于对每个求助都做出肯定的回复。这两个因素使我成为完成这项任务的完美候选人。

然而,从某一时刻起,我突然变得愤恨现状。我开始觉得,大家认为我的帮助都是理所当然的。于是,我不再接受帮人搬家的"邀请"。当被要求帮忙时,我会简单地回答:"我不再帮人搬家了。"

没过多久,就没有人找我帮忙搬家了。重要的是,在这个过程中,我没有失去任何真正的朋友,也没有成为被鄙视或嘲笑的对象。我只是不再接受这种类型的请求了。

你还可以拒绝一天中某个特定时间段的请求。回到我们之前的例子,假设你愿意继续帮助你的同事处理与会计相关的项目,那么你可以拒绝任何在上午9点到中午12点(你最有效率的时间段)之间的请求。

或者你可以决定,在工作日中拒绝所有花时间超过30分钟的求助。例如，你愿意帮一个朋友打包几个箱子，帮他做搬家前的准备。但是你不会帮他把箱子运到新的住处，因为到那里需要两个小时的路程。

当开始拒绝某些特定类型的请求时，你就改变了别人对你的期望。你的同事、朋友和家人会意识到，你总是在拒绝同样类型的请求，最终他们会放弃在这方面向你寻求帮助。

这个策略也简化了说"不"的过程。你不再需要单独评判每个请求，如果它符合你的"拒绝特征"（例如，该请求将占用你 30 分钟以上的时间），你可以不用过多思考就直接拒绝。

那些要求你付出时间、注意力、金钱或劳动的人，也不会因此认为你的拒绝是针对他个人的。毕竟，你是因为这一请求的类型而拒绝，不是因为求助者本身。

想想你在家里或者在工作场合经常收到的请求。如果它们拖累了你，占用了你太多的时间，那么试着将"罪魁祸首"进行分类，然后果断地做出拒绝这个类型所有请求的决定。

使用这种方法后，你可能会感到惊讶，原来没有思想包袱地说"不"是一件如此简单的事。

你不需要对别人的反应负责

"讨好者"需要克服的最大障碍之一是对他人的感受负责。他们担心说"不"会让求助者失望和愤怒。这种恐惧促使他们把别人的事情优先放在自己的事情之前。

这种倾向性可能源于多种因素。例如,他可能非常想被其他人喜欢,也可能在寻求他人的认可,而说"是"是达到这一目的最简单的途径。或者,他可能自我评价很低,认为他人的幸福比自己的幸福更重要。

所以,即便说"不"明显是更好的选择,他也会说"是"。

如果你想学会自信且毫无负担地说"不",那么设定情感边界是至关重要的一步。你不需要对他人的感受负责,你要学会不把他人的消极反应归咎于自身。

只要你做到了优雅且心怀尊重地拒绝他人,那么即便求助者做出了较为消极的反应，也与你无关。你不是造成他痛苦和愤怒的原因，这些情绪是由你无法控制的外界环境造成的。

例如，求助者可能刚刚度过糟糕的一天，而你的拒绝是他生气的导火索。或者，求助者可能因自己计划不周正在面临极大的压力。此外，求助者还可能与身边重要的人发生了争执，而这一冲突产生的情绪最终影响了他对这件事的态度。

总之，你无法控制他人的情绪，因此你没有必要对他们的反应负责。

显然，这与故意伤害他人是完全不同的。如果你以粗鲁的、不尊重他人的方式拒绝求助者，你就会得到一个负面的，甚至充满敌意的回应。毕竟，无礼只会滋生无礼。

但是，如果你在拒绝他人的请求时始终保持礼貌、坦率和真诚，而求助者还是以充满敌意的方式回应，你就随他去吧。造成这些负面反应的因素来自他内心深处的某个地方，而你不用为此负责。

你的时间和兴趣是宝贵的

"讨好者"经常把别人的需求放在自己的需求之前,因为他们觉得自己的时间、兴趣、观点和目标不如别人的有价值。这是我的经验之谈,因为我以前就是这么想的。

这本质上是一个自我评价的问题。

一个自我评价很低的人会认为其他人比自己更重要。因此,这个人缺乏为自身利益行事的信心,这让他很难说出"不"。

重要的是,你要认识到自己的价值。这不仅仅是建立自尊的问题。只有认识到自己的价值,你才能让自己和周围的人处于平等的地位。为此,你必须承认你的时间、兴趣、观点、目标和其他人的一样重要。

一旦接受了这种情况,你就会发现,不带任何心理负担地拒绝他人变得更容易了。更重要的是，你完全可以遵从自己的内心，不用担心你的决定是否赢得了求助者的认可。

当拥有强烈的自我价值感时，你自然会更加自信。当面对情绪操纵或恐吓时，你会拥有坚持自己立场的勇气。

说"不"并不意味着你是个坏人

你有没有想过，为什么对别人说"不"后，你会有负罪感？不是因为你是个坏人，也不是因为你做了错误的或者违背求助者意愿的事情。

这是一种习得的反应，一种通过不断灌输而在我们的头脑中扎根的反应。

回想一下你小时候，你还记得拒绝有多么容易吗？你不担心别人的感受，也不关心礼节。如果不想做某事，你就会直接拒绝，你不会拐弯抹角或者手忙脚乱地找借口，你只是简单明了地回答"不"。

快进几年，你上了小学，发现权威人士（你的老师、父母等等）不喜欢听到你说"不"，你开始听到对"不"的负面反馈。

灌输已经在潜移默化中开始了。

再次快进,这次来到高中。这些年来,你因为说"不"而收到太多负面反馈,以至到了现在,你在说"不"之前会犹豫不决。你会反复思考是否要做出拒绝的决定,因为你害怕冒犯、激怒别人。长此以往,为了避免出现类似的结果,你最终会选择说"是"。

让我们将时间再推进几年,你现在有了自己的事业。到目前为止,你一直忍受着这种思想的灌输,它告诉你不能自私、吝啬和袖手旁观。你被反复告知拒绝帮助别人是粗鲁的、不尊重人的。这种长期的反馈让你在每一次要说"不"的时候都反复怀疑自己。

难怪我们中的很多人成年后会认为对别人说"不"是一种不好的行为!

在现实生活中,根据你面临的不同情况,说"不"可能比说"是"更合适。比如,你计划和一个朋友共进午餐,此时一位同事来到你的办公室,请你帮她做一个项目。问题是,帮助她意味着你要取消或者推迟你的午餐约会。

在这种情况下,拒绝你的同事并不会让你成为一个坏人。事实上,果断地拒绝这一请求是合适的,因为你应该优先履行先前的承诺。

人们可能偶尔会因为你拒绝帮助他们而感到失望,甚至愤怒。但是请记住,你不能控制别人的反应,你能做的就是沉着、真诚地说"不"。

记住,安抚求助者不是你的工作。此外,拒绝把他人的事情放在你的事情之前,并不会让你成为一个令人讨厌的人。你要意识到自身的利益和义务有时是互相冲突的,你要积极地在有限的时间内明智地管理它们。

从微小的"不"开始

像养成任何新的习惯一样,学会自信地说"不",最好从小处着手。利用"轻松取胜"的优势,并以此为开端,逐步习惯于相信自己,你会慢慢增强个人权威感。

如何从微小的"不"开始呢?试试先从零售商店中寻找一些机会。例如,服装店的店员可能会要求你注册一个商店的会员以提供15%的优惠,即使确实被承诺的优惠打动了,你也要学会礼貌地拒绝。

假设你在星巴克排队,服务员问你是否想加一个羊角面包。即使已经垂涎三尺,你也要对这种推销说"不"。

商店的员工已经习惯于听到"不"了,他们每天都会听到数百次。如果你拒绝了他们的请求,他们也不会失望、生气或感觉被冒犯。同时,你将得到免费的"训练",让自己变得更加自信。

接下来，找机会在电话里对人说"不"。例如，有人打电话给你，试图向你推销一套度假房，你要礼貌地拒绝这个提议。如果他仍然坚持，你就重申你的决定，并告诉销售人员你要挂断电话了。

假设你接到一个电话，打电话的人要求你参与一项调查，这也是你提升自信的机会。对打电话的人说"不"，感谢他的来电，向他说声"再见"，然后挂断电话。

学会在这些"低风险"的情况中说"不"，可以帮助你慢慢建立自信。随着自信心的增长，你可以谨慎地进入风险更高的场景。这种方法可以让这一习惯在你的头脑中变得根深蒂固。你的自信心和信念感越强，你就越容易对别人说"不"，即便求助者可能会变得愤怒、固执和情绪化，你也不会动摇。

接下来

我们已经介绍了各种实用的策略，你可以没有任何思想包袱地用它们来拒绝各种请求和邀请。这些策略也能避免他人把你的拒绝视为针对其个人的行为。

在第四部分，我们将仔细讨论你在生活中面对不同的人时不同的情况。我们将讨论如何对你的家人、朋友、邻居、老板等说"不"，并在这个过程中赢得他们的尊重。

第四部分
如何与不同的人建立边界感

心怀尊重、富有技巧地说"不"是你可以掌握的最重要、最有益的技能之一。但是在生活中，有时我们很难对某些人说"不"。

你可能会毫不犹豫地拒绝同事的请求，但是当家人向你提出要求时，你会立刻让步。

你也许可以毫无愧疚地对邻居说"不"，但是你会发现拒绝朋友非常难。

或者你的潜在客户不接受你对他的拒绝，或者你的老板找你帮忙，又或者你觉得必须施以援手的陌生人向你寻求帮助。

这一部分将涵盖这些场景以及其他更多的互动场景，并告诉你，在这些情况下如何说"不"，以维护你自身的利益。

对亲戚：重新设定期望值

你的亲戚可能是强硬的谈判者。当需要你提供时间、劳动力或金钱等方面的帮助时，他们经常会用一切办法让你屈从。我敢打赌，你现在至少能想出一个这样的亲戚，他顽固到令人恼火，而且会不择手段地利用情感操纵甚至欺凌的方式达到他的目的。

对亲戚说"不"可能会让你感到不舒服。他们对你的期望值高于你的同事、朋友和邻居。他们希望你能放下手头的工作帮助他们。

这种期待源自多年的情感培养。

想一想，假设你的表兄妹、阿姨、叔叔或者祖父母拒绝接受你给出的"不"，当你拒绝时，他们仍会坚持，并且愤怒地回应你，你让他们陷入了困境，他们让你陷入了内疚。

你能想象这个场景吗？现在，想想你是否向亲戚屈服过。你有没有一开始对他说"不"，但最终还是在挫败感中选择了屈服？当亲戚向你求助时，你经常这样屈服吗？

如果是这样，你已经习惯了屈从于这个亲戚。他知道，如果他坚持，你总是会妥协；他知道，如果能让你对拒绝他感到为难，你就会让步。

解决的办法是重新设定期望值，你必须设立自己被尊重的边界。

一种策略是，根据你愿意帮忙做什么和不愿意帮忙做什么制定规则。比如，你的表哥有没有定期让你给他跑腿？如果是这样，就建立一个"不跑腿"的规则。你叔叔经常让你帮他修车吗？如果是这样，就建立一个"不维修"的规则。

另一种策略是，制定关于你何时提供帮助的规则。例如，你可以规定，只在周六下午给你的亲戚提供帮助，其余的时间留给你自己、伴侣和孩子。

你也可以迫使那些固执且控制欲极强的亲戚给你留言。例如，当他们打电话向你寻求帮助时，把他们的电话转到语音信箱。当他们给你发邮件的时候，过一段时间再回复。当他们给你发短信时，抵制住立即回复的冲动。

这种策略能够有效阻挡紧急请求。例如，如果你的表哥知道你要花几天时间才能回复他的电话或电子邮件，他就不太可能向你提出需要立即行动的请求。

这些策略旨在重新设定亲戚对你的期望。一开始，你的亲戚可能会感觉自己被冒犯了，甚至会表现出敌意。但是，随着时间的推移和你日复一日的坚持，他们会知道你不是他们所期望的那种容易被说服的人。

对伴侣：边界感是更健康的爱

如果你总是对你的伴侣说"是"，那么说"不"听起来有点儿像踮着脚尖走过雷区。在这种情况下，拒绝他们的请求可能会引发冲突。如果你和你的伴侣不采取行动，情况会很快失控。

作为恋爱关系中的成年人，我们都知道，在很多方面，说"是"是我们对求助者的爱、信任和接纳的表达。但这是否意味着我们应该永远说"是"呢？

既然你已经看到了本书的这个部分，你应该知道我的答案。在很多情况下，对我们的伴侣说"不"不仅是必要的，而且可以有效地增进彼此的关系。

让我来详细解释一下。

无论是我们与朋友、同事的关系，还是与亲戚的关系，健康关系的先决条件之一都是确立明确的边界感。

许多人将边界感视为一种让他人远离的方式。这样想是合理的，但是在你与伴侣的关系中，边界感具有更大的价值。

边界感帮助我们更好地理解我们所爱的人，鼓励我们把伴侣视为拥有独立感情、激情和兴趣的独一无二的个体；边界感让我们更容易识别所爱之人的需求；边界感也能阻止我们通过让他人内疚和情感操纵的方式来获得我们想要的东西。

这种边界感是双向的，当你与你的另一半设定清晰的界限时，你传达了你的个性、喜恶、观点和个人信念。维护好这些界限，也就是说按照你的信念行事，你会赢得尊重。

尊重可以抑制情感欺凌或操纵的冲动。当你说"不"的时候，你的伴侣不会认为你的回答是武断的。他/她会认为你的决定是有充分理由的，并会接受、认可你的决定。

综上所述，学会对伴侣说"不"的第一步是确定你的喜恶、观点和信念。然后，建立你的个人边界。

例如，你不喜欢修理汽车，那就设置一个边界，突出这种厌恶。让我们设定一个场景，你的伴侣让你检查一下他/她的车，因为他/她的车发出奇怪的声音。你可以回应：

> "你知道，我讨厌修车。但是我很乐意帮你把车开到修理店去。"

或者，你不喜欢喧闹的音乐会，因为它会伤害你的耳朵，并且你也担心自己的安全。假设你的伴侣要求你陪他/她去听一场重金属音乐会，你可以这样回应：

> "谢谢你邀请我，但是我不太想去，我不喜欢这种类型的音乐会。"

在你有强烈意愿的情况下，对你的伴侣说"不"是对局面的一种有效控制。此外，当你按照自己的信念行事时，你的行动也会加固你们之间相互尊重的纽带。

对孩子：不要轻易让步

对孩子说"不"很难。作为父母，你希望孩子快乐并感到满足。你也想给他们更多的机会去体验新鲜事物。所以，你说"是"的次数远比你想象的要多。

外部压力也发挥着作用。我们不希望朋友和家人认为我们过于严格。而且在公共场合，我们不希望旁观者和路人认为我们是对孩子毫不妥协的"暴君"。所以，很多时候，在本应说"不"的情况下，我们还是选择了说"是"。

与此同时，孩子们很快就会知道怎样逃避惩罚。许多人凭直觉就能知道，在恰当的时间运用恰当的情绪控制手段可以变"不"为"是"，很多孩子也学会了利用这一点。

举个例子。

孩子：我能在萨拉家过夜吗？

家长：不行。

孩子：你从来都不让我好好玩！你的这些做法逼得我都要大声尖叫了！

家长：好吧，不要发脾气。你可以在萨拉家过夜。

你的让步教会了孩子，你说出的"不"并不一定是最终的结果，他也许能说服你改变主意。一旦有这种可能性，你的孩子就会变得坚持不懈，并为达成自己的目的而费尽心机。

对孩子说"不"是为了设定一个清晰的边界。这些边界阐明了你允许他们做什么，不允许他们做什么，并相应地设定了他们的期望。

孩子们倾向于考验父母制定的规则的严格性。除非明确知道界限是什么，否则，一个简单的"不"实际上可能意味着"不一定"，他们会认为父母有可能对他们妥协。

如果想维护作为家长的权威，并让孩子接受你的决定，你就必须接受孩子的失望。他们的想法经常与你的相矛盾。关键是要告诉他们，一旦做了决定，你就会坚持下去。不管他们试图用什么策略，你说出的"不"都不会改变。

提前说"不"

许多父母陷入了谈判陷阱。

有些协商方式是公平的，值得考虑。例如，一个孩子可能会问："如果我做完家务、写完作业、带狗散完步，我可以在萨拉家过夜吗？"这表明，孩子理解了履行责任所带来的积极影响。

有些协商方式是不公平的，应该被立即中止。例如，这个孩子也可能会说："如果你不让我在萨拉家过夜，我就不做家务了。"这是一种威胁，而非协商。

如果愿意协商，你应该只接受积极的协商方式。例如，同意让你的孩子去朋友家过夜，前提条件是他/她完成了家务和作业，并履行了其他义务。这是一种积极的方法，有助于培养孩子正直良好的品格，也能抑制孩子的冲动。

另一方面，屈服于孩子不良行为的威胁，会破坏你作为家长的权威。这可能会让说"不"变得越来越困难。

总之，对你的孩子说"不"其实是一个设定期望和坚持立场的问题。一旦你的孩子意识到"不"确确实实意味着"不"，你就会面临更少的操纵行为问题。

对朋友：保持真诚和坦率

朋友之间会互相帮助。事实上，每个人都希望得到来自朋友的帮助，这就是我们很难拒绝朋友请求的原因。拒绝带来的不仅仅是失望，而且真的有可能导致你们的友谊破裂。

再强调一次，这其实是期望值的问题。一个朋友如果希望听到你说"是"，却听到你说"不"，自然会感到困扰和烦恼。

在某些情况下，这种期望可能在你朋友的头脑中已经根深蒂固了，以至他会无视你的种种客观情况。你的朋友会把注意力完全集中在你拒绝为他提供帮助这件事上。

这种对话可能会这样展开：

朋友：哎，今天下午能送我去机场吗？

你：不行，我今天没空儿。

朋友（心烦）：你说真的？如果你找我帮忙，我肯定会帮助你的。

你：如果我有时间，我很乐意帮忙，但今天我确实不太方便。

朋友（生气）：真不够意思！下次等你需要帮助的时候不要来找我！

未能满足朋友的期望会侵蚀你们的友谊。这会损害你与朋友之间的信任和亲密，并使以后两人之间的谈话变得紧张，甚至引发冲突。

那么，怎样才能拒绝朋友而不得罪人呢？怎样才能在不对你们的友谊造成不可挽回的伤害的情况下拒绝他们呢？

第一，要意识到，你应该为自己的责任和兴趣留出充足的时间，没有人会比你更尊重自己的时间。所以你必须保持警惕，提醒自己对一件事说"是"就需要对另一件事说"不"。成为别人的好朋友并不意味着你必须把朋友的事情放在自己的事情之前。

第二，不要等到对你的朋友感到失望时才说"不"。不要一次又一次地同意朋友的请求，你会因这种被视为理所当然的感觉而变得越来越痛苦和怨恨，然后在盛怒之下说出"不"。

第三，提醒你自己，朋友在听到你说"不"时的沮丧和愤怒不是你的问题。只要优雅、真诚、心怀尊重地拒绝，你就已经做好了你该做的。

第四，设定好边界。如果有一个朋友在你说"不"的时候反应很激烈，那么不妨把他拉到一边，与他认真讨论一下这个问题。你需要告诉他你的感受，你面临的种种限制以及个人的想法，诚实地向他说明真实情况。解释一下，在你自己的工作量已经超负荷的情况下，如果先满足别人的需求，你会感到十分疲惫和不安。

一个真正的朋友会理解你的难处，尊重你的个人边界。

鼓励你的朋友在将来他需要帮助的时候再来找你。毕竟，为他提供帮助可以增加你们之间的信任和融洽。在朋友需要的时候及时伸出援手是非常有价值的。

但是要清楚，你不可能总是说"是"，有时候你不得不说"不"。但是当这样做的时候，你要有充足的理由，有一个让你的朋友认可和尊重的理由。

对邻居：事先划定边界

对邻居说"不"无疑是一个特别的挑战。他们不是你的家人，所以你不太可能和他们保持一辈子的联系。然而，你们住得很近，所以你会定期见到他们，也许每天都能见到。你最不希望发生的事情就是和他们产生不愉快。

可是，当你的邻居咄咄逼人、锱铢必较的时候，"讨好者"应该怎样应对？

我听说过有人不请自来，进入邻居的车库"借走"工具的恐怖故事。有些人甚至会厚颜无耻地直接进入邻居的住宅。

我哥哥有一个邻居，经常过来敲我哥哥家的门，直到有人应门为止。这个邻居有时会坚持20分钟或更久。更糟的是，他会通过邮箱投递口往屋里看，观察家里是否有人，甚至还会尝试转动门把手（我们推测如果没有上锁，他就会进入屋内）。

希望你不是在和这种类型的邻居打交道。但即使是对那些情节较轻微的"冒犯者"，设定清晰的边界也至关重要。当邻居的要求与你自身的利益不匹配时，这些边界会让你更容易说出"不"。重要的是，因为你已经事先言明了边界，在这个基础上说"不"，你不必担心拒绝邻居会损害你们的邻里关系。

假设你居家办公，你在外工作的邻居请求你帮忙照顾一下他家的宠物，你需要给宠物们喂食，并带它们去散步。

毫无疑问这会给你造成困扰。你认为这是显而易见的，因为居家办公并不意味着你的工作量减少了，你的空闲时间并没有变多。

所以，你决定设定一个边界。每次邻居让你帮忙照顾他的宠物时，你都解释说你不愿意这么做。随着时间的推移，你不愿意照顾宠物的消息会被传开，所有讲道理的邻居都会尊重你的决定。

现在，假设一个邻居走进你家里，告诉你他要去度假一周，想让你帮忙喂一下他的狗，并让你每天带它出去遛几次。你可以这样回答：

> "杰克,你知道我已经不再帮别人照看宠物了。我已经做了决定,我要专注于自己的事情。"

杰克可能会不高兴,他可能变得充满敌意,甚至辱骂你。但是请记住,他人因你拒绝提供帮助而产生的负面反应与你无关。这种情况只能说明杰克对你有不恰当的期望。

如果你从未这样做过,你可能会觉得对邻居说"不"是一件很尴尬的事。这是意料之中的,毕竟,你不想因拒绝邻居而冒犯他们。

同时,你也不应该为把自己的事情放在邻居的事情之前而感到内疚,你要对自己的时间、注意力、金钱和劳动负责。重要的是,你要明智地使用这些有限的资源来照顾你自己和你需要负责的人。你是唯一能够做好这件事的人。

主动与邻居设定边界,然后优雅而沉着地坚持下去。随着时间的推移,你会越来越习惯于说"不",这将有助于你邻居的期望与你自己的真实想法保持一致。

对同事：按类别拒绝

工作场所有时候看起来像一个充满利益冲突和议程冲突的战场。你不可避免地会和同事接触，并会在各种任务和项目中被要求提供帮助。

问题是，你有自己的工作职责，并且要用有限的时间和精力去完成你的工作。

在这种环境下，知道如何果断地说"不"是非常有价值的。

你会发现本书第三部分中的许多策略在工作场合特别有效。例如，请求助者稍后再来（策略6）是判断同事请求的紧急程度的好方法。

推荐其他比你更专业、更有资格的同事（策略9）对你和求助者都有好处。求助者可以利用更有价值的资源，而你可以节省时间，重新专注于自己的工作。

按类别说"不"（奖励策略4）则是一种简单的对同事说"不"的方法，这与工作场合的技能专业化情景非常契合。

思考一下，我们把大部分时间都花在特定类别的任务和活动上，这些任务和活动是我们专业技能的一部分。它们提高了我们的生产力，并帮助我们最大限度地减少了错误和浪费。当同事要求我们在这些技能之外的项目上提供帮助时，我们完全可以合理地说"不"。

拒绝同事的方式很重要，不要找借口，不要编造拒绝请求的理由。真诚优雅地做出自己的决定。

假设一位同事在项目上向你寻求帮助。你可以回答：

❝ 谢谢你来找我，莎伦。我非常感谢你对我的信任，但是我不想中断自己的项目。"

❝ 我不太熟悉这个领域，恐怕帮不了你太多，所以我要说'不'。"

没必要道歉，也没必要闪烁其词。尽可能简单、清楚地陈述你的意图。通过说"我不想"或"我不做"而不是"我不能"来掌控自己的决定。

你会发现,如果你不再一味地同意每个要求,你的同事会更加尊重你的时间。他们会意识到,当你有时间,而且他们的要求符合你的职业需求、个人信念和长期目标的时候,你才最有可能满足他们的需求。

对老板：充分沟通并提供替代方案

理想情况下，老板会清楚地知道你的工作量。他知道你目前在做什么，并对你的空闲时间了如指掌。所以，当老板分配新的项目或任务给你时，他会重新安排你当前职责的优先次序。

从理论上讲，事情就应该是这样的。

但不幸的是，现实世界的事情不会总是如此顺利。下面的场景你是不是很熟悉？

你正坐在办公室里处理一长串待办事项，还会时不时接到同事、客户和供应商的电话。工作的时候，你的脑子里还有另一个小小的声音不停地提醒你回复邮件和电话。

你看了一下时钟，意识到你要在 15 分钟之后参加一个会议，这是当天安排的众多事项之一。你默默地想："我的日程上有这么多会议，我能有时间做完哪怕一件事吗？"

这时，你看了一眼收件箱。你立刻后悔看了这一眼，尽管尽了最大努力，但你收件箱中的邮件数量仍在增长。这让你觉得自己的工作量似乎并没有减少。

你感到压力变大。你有太多的事情要做，却没有足够的时间完成所有事情。更糟糕的是，这些堆积如山的工作似乎一眼望不到头，你丝毫看不到完成它们的希望。

当你感到不知所措时，你收到老板的一封电子邮件，你好奇地点进去阅读。他要求你接手另一个项目。你沮丧地叹息，因为你既没有时间，也没有精力，你几乎都没有时间午休。

但是，你怎么能说"不"呢？你要如何拒绝你的老板，那个控制你工作时间的人？

许多人只能无奈地接受新的工作。他们微笑着忍受，因为他们觉得说"不"让自己很不舒服，甚至担心老板会认为他们很难共事，而这可能会对他们的职业生涯产生负面影响。

但是，传达清楚你的工作极限值是有必要的。这样不仅可以控制你自己的压力水平，还可以避免你被压力击垮。你最不想做的事情就是承担你没有时间完成的新工作，这样做只会导致沮丧和失败。

虽然说"不"可能很难——传达坏消息总是很难，但有一些方法可以减轻这种冲击，以下是一些建议。

第一，当回应老板时，你要坦率地说出你目前饱和的工作量，你实在分身乏术。向老板解释清楚，考虑到你手头正在做的事情，你没有时间和精力完成新项目。你如果正在赶截止日期的工作，那就更要把情况说清楚。

第二，询问清楚关于新项目的问题。它什么时候截止？都包括什么工作内容？需要哪些技能？你需要在一群参与者中协调活动吗？

第三，让老板重新安排你的工作。向老板提出建议，能否推迟你手头的项目，这样你就可以把时间和精力投入新项目。

第四，如果老板对你当前的项目和任务不能重新安排，那么问问他新项目是否可以延期。例如，你可以告诉老板，在完成当前项目后，你将拥有五天的时间和精力去处理新项目。

你不用对老板说出"不"这个字，就可以巧妙地拒绝老板不合理的工作安排。事实上，这样做是一种非常聪明的策略，因为"不"字带有负面含义。更重要的是，你要就你现在所受的限制与老板充分沟通，并提供替代的解决方案，帮助你的老板实现他想要的目标。

对客户：提供正当的理由

有些客户是合作的"梦中情客"。他们会就自己的需求进行充分沟通，为交付成果设定合理的时间框架，并允许他们雇用的人按照自己的节奏工作。此外，他们还会及时支付酬劳。

当然，也有一些难缠的客户。这些客户坚持让你在不合理的期限前完成工作。他们经常要求你履行合同和协议条款之外的职责，对你的工作进行"微操"管理，以至你非常害怕参与他们的项目。

对后一类人说"不"相对来说比较容易。拒绝那些无礼和要求过高的客户的项目是关乎生存的问题。它们占用了太多时间，却没有为你所付出的努力和产生的烦恼提供足够的补偿。

但是，即使是好客户，有时也会提出对你而言最好还是拒绝的要求。例如，你可能缺乏承担某个项目的资源，如果接受了这个项目，你就注定会失败。或者，项目的报酬微薄，而过程中你需要投入的时间和精力又太多了。或者，这是一个好项目，但是你早已安排好一个完美的假期，你没有足够的时间完成它。

关键在于，即便是那些你喜欢与之共事的客户，你也有正当的理由对他们说"不"。但是，真正拒绝很困难。你不想让他们失望或伤害他们的感情；你也不想伤害这段关系；当然，你更不想失去他们的生意。

那么，你要如何对客户说"不"，以确保他们能够尊重你的决定呢？

首先，要认识到拒绝客户的项目并不意味着你的服务和职业能力有问题。相反，这表明你知道自己的极限在哪里，并对如何开展自己的工作有着清醒的认识。

其次，提供拒绝的正当理由。例如，你可以说：

> "我打算放弃这个项目，因为我没有资源（或技能）为你做好这个项目。"

" 下个月我要休假,所以我没有时间为你做这件事。"

这些理由佐证了你的决定。客户如果理解你为什么拒绝他,就更有可能接受你做出的决定。

最后,提供一个替代方案。例如,如果因为目前缺少足够的时间而无法接受这个项目,那么你可以提一个更晚的截止日期。或者,如果缺乏完成项目所需的技能,那么你可以将客户推荐给你信任的、拥有必备技能的人。如果只是对这个项目不感兴趣,你可以推荐一个有资格的、可能愿意代替你接手这个项目的同行。

对客户说"不"可不是一件有趣的事,尤其是你真心喜欢他们,喜欢和他们一起工作。但是,根据你的情况,说"不"有时是更好的选择。只要善于沟通,并保持坦诚、尊重,你就可以在不伤害客户关系的情况下这样做。作为一个附加效果,你还会给客户建立起你偶尔会说"不"的预期。

对陌生人：想清楚自己的义务和立场

对一部分人来说，对陌生人说"不"很容易。我们与他们没有情感关系，对他们也没有忠诚感或义务感。因此，当面对一个陌生人的请求、一个我们倾向于拒绝的请求时，我们很容易拒绝。

而对另外一部分人来说，拒绝陌生人几乎和拒绝朋友、家人一样困难。拒绝帮助别人，甚至是不认识的人，会让他们感到内疚。

你如果属于第二种人，想学会毫无愧疚地对陌生人说"不"，我推荐你做以下三件事。

第一，当面对陌生人的求助时，想清楚你的义务范围。这种自我分析应该充分考虑你的价值观和个人信念。注意，这完全是私人的事情，你的感觉不可避免地会和其他人不一样。

例如，许多人觉得有义务给乞丐钱，而其他人认为这样做在道德上有问题。而你对乞丐说"不"的能力，就取决于你对此事的立场。

你的目标不是符合别人的标准。记住，你不需要别人的认可。相反，你的目标是确定自己的准则，并调整自己的决策，使决策与准则保持一致。如果觉得给乞丐钱不对，你会发现说"不"更容易，因为你的"拒绝"决策与你的信念相一致。

第二，在面对陌生人的请求时，不要害怕表达你的不适感。假设你正在公园散步，一个陌生人走近你，让你帮他照看他的狗30分钟，他去办点儿事。你可以说：

> "我不认识你和你的狗。我不喜欢照看它，因为如果它咬人了，我需要承担法律责任。"

第三，采用奖励策略4。创建一个排除相关类型活动的规则。如果一个陌生人向你寻求帮助，而这一请求与你设定的规则相悖，你就可以拒绝并说明自己的理由。

例如，你在星巴克停下来喝了一杯咖啡，当你正要离开停车场时，一个陌生人拦住了你的车，他请你开车送他去火车站。如果事先已经决定拒绝所有这样的请求，那么你说"不"是很容易的。你可以回应：

> "我有一个原则，我不会让陌生人搭车。"

这就是你要做的一切。如果求助者试图说服你同意（例如，他说"请相信我，我是一个值得信赖的人"），你只需再次参考规则，然后坚持自己的决定。

以上方法并不是建议你拒绝为陌生人提供帮助。当然，为萍水相逢的人做好事也是一种乐趣。但是出于人身安全、个人信念或者有限的资源等相关因素的考虑，说"不"通常是更好的回应。

对自己：大声说"我不"以抵抗诱惑

我们常常屈服于诱惑，这些诱惑消耗我们的时间、金钱、精力以及其他资源，会让我们偏离目标。而抵抗诱惑（本质上是对自己说"不"）是过上健康、有益的生活的关键。

例如，你正在努力减肥，你已经决定远离垃圾食品以帮助自己实现这个目标。但是，某个不知道你已经不再吃垃圾食品的同事把甜甜圈带到了办公室。

你现在有两个选择：

（1）对自己说"不"，坚持自己的目标；
（2）屈服于诱惑，大吃一顿。

或者，假设你有一大堆家务要做，可能要花掉一天的时间。你需要用吸尘器打扫房间，洗一大堆衣服，再清洁厨房和浴室。但是一个朋友突然打来电话，邀请你去他家玩一天。

再一次，你清晰地面临两个选择：

（1）对自己说"不"，继续专心完成你的家务；
（2）向诱惑投降，放弃自己的家务。

抵制诱惑对专心致志完成目标至关重要。问题是，我们该如何有效地做到这一点？当我们想让步说"是"的时候，如何对自己说"不"？

这里和大家分享一个对我而言非常有效的解决方案：发表以"我不……"为开头的声明——关于你选择不做什么的声明。

例如，当有人给你甜甜圈时，你可以说："我不吃甜甜圈。"如果有朋友邀请你去他家，但你必须做完家务，你可以说："我不喜欢留着家务不做，我们能明天再聚吗？"

想想你可能遇到的各种诱惑，以及做出"我不……"的声明是如何帮助你说"不"的。下面有几个例子。

诱惑：跳过你每天都要去健身房的日程安排。

回应："我不会不去健身房。"

诱惑：进行一次轻率、昂贵的购物。

回应："我不乱花钱。"

诱惑：讲关于同事的流言蜚语。

回应："我不八卦。"

诱惑：在你应该工作的时候狂看网飞剧集。

回应："有工作要做的时候，我不磨蹭。"

当屈服于诱惑时，你就成了冲动的奴隶，由此产生的短期满足感往往以牺牲长期满足感为代价。

当用"我不……"的声明来抵制诱惑时，你就成了打造健康生活的建筑师。

关于"边界感"的最后思考

记住，说"是"会产生很重要的影响。当你同意别人的要求，把他们的事情放在你自己的事情之前时，你就放弃了对宝贵资源（尤其是自己的时间）的控制。而这些资源一旦被浪费，就真的没有了。

我们倾向于认为，大多数请求只需要我们投入很少的时间。但事实并非如此。一个承诺只花"几分钟"的请求最终往往需要半个小时；一个承诺要花"一个小时"的请求到头来却需要半天时间。

此外，小的请求累积起来可能是巨大的。对很多人说"是"，很容易吞噬你最有效率的时间。

在本书中，我已经向读者展示了如何拒绝请求、邀请和求助，以及如何应对那些求助者毫无愧疚感地侵犯你边界的情况。我所介绍的策略也将减轻求助者听到"不"字时的失望感。

但这并不意味着说"不"会很容易,至少一开始不会。你需要像锻炼肌肉一样自信地说"不",不断磨炼这一技能,使其变得更强。

所以,我鼓励你把本书的策略立即付诸实践。从低风险的情况开始——例如,在餐馆告诉服务员"不,我不要甜点,谢谢",然后在中高风险的情况下逐渐使用这些策略。

随着时间的推移和你对这些策略的应用,你会发现你变得更自信了,当你学会依靠自己的信念时,说"不"会变得更容易。另外,你会发现,你的朋友、家人、同事和邻居会更加尊重你的时间和决定。

你喜欢这本书吗

非常感谢你阅读本书。你有很多其他的方式来打发时间，我很荣幸你花了一部分时间在我身上。

如果你喜欢本书，那么可以帮我一个小忙吗？你能在亚马逊上给本书留个简短的评论吗？一两句话即可，这对我来说意义重大。最重要的是，你的评论会鼓励其他人阅读这本书。

在我们暂时告别前还有最后一件事，我计划在接下来的一年里写几本书，并以很大的折扣发行，你可以用不到 1 美元的价格买到它们。

如果你想在这些书出版时得到通知，并使用折扣价格购买，一定要订阅我的邮件。你将收到我的 40 页的电子书《提升你的生产力！为了完成更多的事情，你必须养成的 10 个习惯》(Catapult Your Productivity! The Top 10 Habits You Must Develop To Get More Things Done)。

你可以通过以下地址订阅我的邮件：

http://artofproductivity.com/free-gift/

我也会通过电子邮件把我最好的生产力和时间管理技巧发送给你。你将会收到关于战胜拖延症、养成早起习惯、培养敏锐的注意力的技巧和策略，以及许多其他提升生产力的技巧！

如果你有任何疑问，或者想分享对生活产生影响的技巧，请随时联系我，邮件地址是：

damon@artofproductivity.com

期待你的来信！

期待下次再见。

达蒙·扎哈里亚德斯